Asfaltskonspirationen
och 60+ andra kåserier

Paul Annala

Asfaltskonspirationen

och 60+ andra kåserier

ISBN 9789177854890

Innehåll

Doktorns ordination

av Rani Toll John

Linköping, oktober anno 2018

Efter en solig, varm sommar kommer höstdepressionen –
men i Din hand håller Du en liten bok som kan förlänga
livet – åtminstone om ett skratt kan göra det.

På underbar prosa gör författaren reflektioner över
oväsentliga, oviktiga och underhållande fenomen i tillvaron.
Kåserierna är små nedslag i familjeliv, semesterupplevelser,
och arbetsliv – kort sagt ett vardagsliv. Det är befriande att
möta författarens lösa associationer och filosoferande över
vardagens obegripligheter som man ibland trott sig ensam
om att begrunda – men se, vi är alla galna och resten av
världen likaså.

Såsom författarens inofficiella livmedikus med lång
erfarenhet av allehanda krämpor i såväl kropp som själ hos
den allmänna befolkningen, kan jag varmt ordinera denna
lilla bok såsom stämningshöjande och stämnings-
stabiliserande. Den ger utomordentligt få biverkningar
förutom möjligtvis lättare buksmärta av ytlig karaktär i
muskulaturen orsakat av skratt, öppet eller återhållet.
Spontanläkning utlovas där tiden till smärtfrihet beror av
hur påträngande vardagslivets tristess befinns vara.

Så, lägg Dina sorger åt sidan, tänk på hälsan, läs, njut och känn Dig god (en del av försäljningen av denna bok går till ADRAs biståndsarbete).

Rani Toll John är vän till författaren, och till vardags ledningsläkare och specialist i akutsjukvård med stark önskan om att kunna ordinera glädje, tro, vänner och familj till många behövande – kanske är denna lilla bok ett recept i rätt riktning.

Författarens förord

Jag har hört hävdas att man ska ha gett ut två böcker för att räknas som författare. Det må vara hur det vill med den saken, men så här inledningsvis i min andra bok vill jag tacka alla mina Facebook-vänner för lajks, uppmuntrande tillrop och efterlysningar efter en ny bok. Utan er hade det förmodligen inte blivit någon ny bok.

Min första bok *Lura luringen i luren* var begränsad till hur man obstruerar och uppehåller dem som ringer och falskeligen utger sig att vara från Microsoft support – och hur man får sig ett gott skratt på köpet. I den här boken har jag breddat horisonten till att omfatta livet i största allmänhet – och hur man får sig ett gott skratt på köpet. För det är ganska mycket i livet som är lite komiskt, om man väljer att se det från det hållet.

Min förra bok var huvudsakligen en samling Facebook-inlägg. Den här boken är däremot ingen direkt rip-off av min Facebook-sida. Volymen du håller i din hand, eller i din padda, innehåller en hel del nyskrivet material i tillägg till reviderade versioner av somligt som jag tidigare skrivit på fejjan och annorstädes.

Om läsaren händelsevis undrar över de skiftande åldrarna hos mina barn som ibland figurerar i denna bok, så beror det inte på att jag har drösvis med barn, utan på att barnen har vuxit samtidigt som detta material har växt fram. Jag har två barn, födda 2009 och 2012, så har vi det klarlagt.

∞

"Humor är en allvarlig sak, det är det enda som kan rädda oss från förtvivlan och depression" är ett påstående som tillskrivs den norske författaren Tor Åge Bringsværd. Jag håller med: humor ska tas på allvar. Jag har därför valt att skänka tio kronor av varje sålt exemplar av denna bok till ADRAs humanitära arbete. Jag känner mig hedrad av och tacksam för att jag får göra detta med ADRAs goda minne. Du kan läsa lite mer om ADRA längst bak i boken.

∞

Inget förord är heller komplett utan att det ska tackas och bockas, så låt oss göra detta förord komplett.

Jag vill tacka min livmedikus Rani, inte så mycket för hennes medicinska tjänster (som har varit enkla och lätt-räknade till antalet), utan för det nöje det har varit under åren att kommunicera med henne i tal och skrift. Hon lägger den verbalakrobatiska ribban på hög nivå, och stimulerar mig att använda ständigt styvare stavar, medan hon själv seglar över ribban med retsam lätthet. Jag menar, när senast fick du ett SMS innehållande 1800-talsordet "domvärjo"?

Sist men inte minst vill jag tacka min extroverta hustru Malin för att hon med rimlig mängd knot låtit sin introverta make hovra över tangentbordet, skrivandes ner dessa betraktelser ur vårt gemensamma liv. Tack också för att du hjälpt till med korrekturläsandet av denna bok.

Linköping, Svarta Måndagen, 2018

Svarta Måndagen är den första måndagen efter vintertidsomställningen, för att det är så mörkt när man ska åka hem från jobbet.

Kristi Helvetesfärds dag

På Kristi himmelsfärds dag gick det mesta i motsatt färd-riktning jämfört med vår Herres. Vi ska begå säsongs-premiär med husvagnen; vill bara först kolla att elsystemet funkar. Negativt. Mäter upp 0,1 volt på 12 volts-batteriet... Jag kopplar in 230 volt, men lyckas smälla säkringarna hos bonden där husvagnen står. Dessutom är vattentanken i husvagnen tom efter vintern.

En av bondens kacklande hönor smiter under tiden in ladan genom dörren jag lämnat på glänt. Två timmar försenade drar vi iväg. Under färden skumpar mikrovågsugnen ut ur sitt skåp och far ner i golvet - inte en, utan två gånger. Väl framme vid målet drabbas hustrun dessutom av år-hundradets migränanfall.

Så där sitter vi på kvällskvisten med en husvagn utan el och vatten. Hustrun ligger bak i husvagnen och spyr, och pratar med sjukvårdsupplysningen; taxi till akuten övervägs. På husvagnsgolvet ligger en demolerad mikrovågsugn, och tusen bitar glassplitter från densamma. Barnen vill ner till lekplatsen, men borde snart nattas... The bottom is nådd, om man säger så.

Lunchtid nästa dag är tillvaron dock mycket bättre! Hustrun är på benen, mikrovågsvraket bortstädat, den på Biltema i förbifarten inköpta 12V-batteriet funkade, vattentanken är påfylld, solen skiner, Vänern glittrar, glasskiosken har besökts, och barnen leker och plaskar glatt.

Hur det gick för hönan inne i ladan denna Kristi himmelsfärds helg vet jag inte. Jag tröstar mig med att den i alla fall inte behövde vara ensam där. Den hade nämligen sällskap av en katt.

Det opålitliga samvetet

Samvetets röst ska man lyssna på. Dock inte alltid, ty samvetet skojar med en ibland.

Varför får jag dåligt samvete när jag veckohandlar på City Gross och stoppar ner mina varor i återanvändbara kassar som med stora röda bokstäver proklamerar att de kommer från ICA Maxi?

Samma sak händer om jag går till Coop runt hörnet, och halar upp en begagnad plastkasse från Hemköp. Märkligt nog har jag däremot ro i själen om den begagnade plastkassen kommer från Clas Ohlson eller Leo's Lekland. (Ja, jag irriterar mig också på den felaktiga apostrofen som föregår genitiv-s:et. Men för att inte riskera bli stämd av Leo's så skriver jag ut deras varumärke precis så som de skriver det.)

Okej, dåligt samvete är kanske att ta i. Men någon slags diffus obehagskänsla av att göra något som inte är helt i sin ordning får jag. Helt irrationellt, jag vet.

För att tysta samvetet försöker jag intala mig, där jag skrider fram på City Gross med mina ICA Maxi-kassar, att jag med denna handling visar omvärlden att jag förut i mitt oupplysta tillstånd handlade på ICA Maxi, men att jag ju nu bevisligen har konverterat till den rätta City Gross-läran.

Jag lyckas dock inte övertyga mig själv alls, och har därför ännu mindre tilltro till att omvärlden skulle ta min omvändelse på allvar.

Jag fortsätter navigera min kundvagn mellan hyllor, staplar och andra kunder. Jag kommer på mig själv att jag aldrig lägger märke till vilka slags kassar de andra kunderna packar ner sina varor i. Så varför skulle andra lägga märke till mina kassar? Den tanken förmår dock heller inte lindra mina samvetskval.

Väl framme i kassan plockar jag fram mitt kreditkort som är utgivet av Coop. Och får ännu mer dåligt samvete över att jag får poäng hos Coop för de inköp jag precis gjort hos konkurrenten.

Ugnsfysik

Instruktionsboken till vår ugn av välkänt tyskt märke får bidra med dagens fysiklektion: "Det kan bildas vattenånga vid gräddningen. Den tränger ut via luckan. Vattenångan kan bilda vattendroppar på kontrollerna eller på skåpen runtom. Det är ett fysiskt fenomen."

Drabbas man i sitt bakande av problemet "fruktsaften rinner över", så erbjuder instruktionsboken denna tänkvärda lösning på nämnda problem: "Använd om möjligt den djupare långpannan nästa gång."

Boken innehåller även en diger lista på bakverk, och anger lämplig tid, temperatur och placering i ugnen för dessa bakverk. Men om "du vill använda ett eget recept när du bakar", var ska den då placeras i ugnen? Instruktionsboken vet råd: "Leta upp ett liknande bakverk i baktabellen." Så om jag till äventyrs skulle vilja grädda en kladdkaka (som inte finns på listan), då är det bara att grunna ut om det är Gugelhupf, Börek, Flammkucken, Strudel, Schweizisk kaka, Jäsdeg med torr fyllning eller Tysk stollen på 1 kg mjöl som är att anse vara kladdkakans närmaste släkting... Alternativen Pizza, Maräng, Rulltårta samt Biskvibotten 2 ägg kan vi i alla fall stryka... Kanske "Sockerkakssmet med saftig fyllning, frukt"?

En stjärna i Guide Misérable

Om man tar E4:an söderut finns det en vägkrog ganska exakt halvvägs mellan Södertälje och Nyköping. Av barmhärtighet ska jag inte skriva ut namnet på denna plats (men det är ett sammansatt ord och kan i rebusform uttryckas som: inlagd fisk + bar).

Jag utser nämnda sjapp till sämsta matstället längs E4:an söder om Tokholm: 10 av 14 wokrätter slut. Potatismoset smakar ungefär som när man själv under en regnvåt fjällvandring kokar upp ett ögonmått vatten och rör ner potatismospulver i det. Pommesen är förmodligen gjorda på hoppressade gummerade rester av det nyssnämnda moset. Den gula curryn med kyckling får dock godkänt.

Maten serveras på engångstallrikar. Ett misslyckat försök till guldkant åstadkoms av de försilvrade engångsbesticken. Kaffet får man dricka ur sådana där sladdriga vita plastmuggar som jag associerar med att lämna kissprov till skolsköterskan i min barndom.

När vi lämnade stället sist såg jag fram emot att äta havregrynsgröt vid ankomsten hem. Och jag har sedan dess i flera år nu noga undvikit att svänga av från E4:an halvvägs mellan Södertälje och Nyköping.

Retreat på Gustavsvik

Hade man tänkt sig att luta sig tillbaka en skön svensk sommarkväll och kontemplera över det stilla suset som uppstår när man vickar på höger stortå, då ska man inte ta in på Gustavsviks camping & bad i Örebro i högsommarvärmen mitt i högsäsongen.

Husvagnen, med sina tunna plywoodväggar, står parkerad på anvisad plats nummer 459 på en söndertrampad gräsmatta mitt i smeten. Med viss möda har man till slut fått de lyckliga barnen att somna, efter en hel dags tillbedjan och tvagningsriter i klor-Mecka.

Men innan man själv kan tänkas slå följe med John Blund, vill (eller måste) man invänta det heliga klockslaget 23 då tystnad ska gälla enligt påbud från campingens överstepräst.

Ty ännu smattrar kompressorerna på och fyller hoppborgarna med luft. Hoppborgarna utnyttjas av barn med lössläppta dygnsrytmer, medan deras föräldrar offrar det ena köttstycket efter det andra på sina portabla, grillkolsdrivna altaren, och offerröken ligger som en Lüzendimma över nejderna.

När kompressorerna väl tystnat börjar man vänta på att basgången från "Janssons frestelser" (tydligen är det inte kriminellt att ha ett band med ett sådant namn) ska sluta gunga husvagnen.

De närmaste ett stilla sus man upplever är det vinande ljudet när Pokémon Go-spelande kids far fram och tillbaka på sina hoverboards. Men snart är det väl dags för kidsen att koppla in sig på laddningsstationerna för kvällen, och hoverboarden att krypa ner i sina sängar. Eller om det är tvärtom, man kan aldrig så noga veta nuförtiden.

Nej, vill man ha husvagnsretreat får man söka sig till andra platser. Till exempel Våmåbadets camping, lite drygt en mil utanför Orsa, på andra sidan Orsasjön. Man svänger av landsvägen, in på en liten smal väg med några 90-graders-knickar. Kör mellan några hus (håll lite till vänster där så inte husvagnen tar med sig en bit av det där gamla huset som står alldeles bredvid vägen). Efter en liten stund är du framme. Checka in hos holländaren som driver stället, och placera dig på valfritt ställe med sjöutsikt.

Stället är spartanskt. Så spartanskt att du måste övertyga ägaren vid utcheckning om att du faktiskt vill betala för alla nätter du har varit där. Men å andra sidan kan du sätta dig vid sjön i skymningen och vicka på höger stortå, och höra ett stilla sus.

Villa Osis

Rabat, Marocko

Tjänsten hade fört mig till Marockos huvudstad Rabat. I stället för att inkvartera oss på hotell hade vår arbetsgivare i sin kostnadsmedvetenhet hyrt ett nybyggt hus på 400 kvadratmeter och cirka sju rum och fyra (!) toaletter i den fashionabla stadsdelen Haj Riad. I detta hus skulle vi – vi var nämligen flera som skulle arbeta där, i omgångar dessutom – alltså bo.

Jag skriver att huset hade *cirka* sju rum eftersom det var en bedömningsfråga huruvida husets mellersta våning var att betrakta som ett eller tre rum, ty på denna våning fanns inga innerväggar, utan enbart meterhöga "murar" samt pelare och orientaliskt ornamenterade spaljéer som avdelade våningen i olika delar.

Huset hade väggar av betong eller sten, och golvet i samtliga rum – inklusive garaget – var klinkergolv. Detta resulterade i att att huset hade en katedrallik akustik. Det gällde att inte få sov-"rum" på den mellersta våningen om kollegan var en snarkare.

Då huset var nybyggt och arbetsgivaren som sagt kostnadsmedveten var huset sparsamt möblerat. En säng i varje rum, ett köksbord, en marockansk soffa samt ett stycke TV med rymdöra utgjorde merparten av inventarielistan.

Det var november, och ett ouppvärmt stenhus med englasfönster blir kallt och ruggigt under en marockansk novembernatt. Först framåt eftermiddagen kunde man njuta av husets svalka när solen hade stekt på hela dagen.

I detta hus tillbringade jag många timmar skrivandes utbildningsmaterial till kunden. Vi hade nämligen insett alldeles för sent att kursmaterialet som företagets utbildningsavdelning hade levererat var totalt oanvändbart, så jag satt och skrev i princip ett helt nytt kursmaterial för nästa dag, medan min kollega var hos kunden och körde dagens material som vi hade producerat dagen innan.

Att sitta i ett kallt hus, nästan ensam, med kaffekoppen som enda värmekälla, tänkandes onämnbara tankar om det ursprungliga kursmaterialet, fick mig att emellanåt känna mig ganska miserabel. Därför döpte jag vårt hus till Villa Osis, inspirerad av den pråliga grannvillan längre ner på gatan och som hette Villa Oasis.

Vi hade dock "room service" i vår villa, i form av en inhyrd städtant som kom sex dagar i veckan och städade, bäddade sängarna och snodde all vår smutstvätt och tvättade den. Detta trots våra idoga försök att själva bädda sängarna och gömma de smutsiga kallingarna för att kunna tvätta dem själv när man kom hem till Sverige nästa vecka.

Råkade man vara i köket på morgonkvisten för att plocka fram frukosten fick man misstänksamma blickar på sig från städtanten, antagligen eftersom köket ansågs vara kvinnans domäner i denna del av världen. Dristade man sig till att bära frukostgrejerna från kylen till matbordet så fick man en tillsägelse och hon nästan ryckte grejerna ur händerna på en för att hon skulle ställa fram dem på bordet.

Villa Osis hade dock en positiv sida. När man skulle lämna landet var man tvungen att på flygplatsen fylla i en blankett där man bl.a. deklarerade var man bott under sin vistelse i landet. Jag angav adressen Villa Osis, Haj Riad, Rabat, och myste invärtes åt att kunna förse ännu en meningslös myndighetsblankett med pseudoinformation.

Kol från helvetet

Barnen hade på ett eller annat sätt begåvats med "Beppes hemliga spionklubb", en liten experimentlåda för detektiver. Det gick ut på att någon skulle trycka sitt flottiga finger på en helt vanlig vit tallrik, och så skulle "detektiven" pensla fram fingeravtrycket på tallriken med hjälp av ett svart pulver – jag antog att det var helt vanligt kolpulver – som fanns i experimentlådan.

Så långt flöt allt på som det skulle. Fingeravtryck penslades fram och ägaren till fingeravtrycket identifierades. Problemet uppstod när experimentet var slut och den vita tallriken skulle diskas. Det till synes oskyldiga svarta pulvret visade sig vara pulvret från Gehenna. Jag uttömde hela min arsenal av rengöringsmedel, giftiga kemikalier och husmorsknep. Diskmedel bet inte. Diskmaskinen bet inte. Gnugga med Vim bet inte. T-sprit bet inte. Gnugga med tandkräm bet inte. Lacknafta bet inte. Ugnsrengöring med väteperoxid bet inte. Gnugga med bakpulver bet bäst, men inte helt.

Så om ni hälsar på någon gång och fikar hos oss, och råkar få en vit assiett där man kan se svaga grådaskiga konturer av fingeravtryck så vet ni varför.

Räcker upp till 21 veckor

"Räcker upp till 21 veckor" står det på vår diskmedels-flaska. Hur katten räknar man fram ett sådant tal?

På baksidan står att ett lätt tryck på flaskan motsvarar 2 ml, och att det räcker till 5 liter. Okej, låt oss anta att 5 liter diskvatten = en diskning. Flaskans 1050 ml räcker då till 525 diskningar. 525 diskningar delat med 21 veckor ger 3,57 diskningar per dag. Hmmm, har Procter&Gamble anlitat Tidsstudiemannen och forskat fram att det diskas i genomsnitt 3,57 gånger per dag i Svea rike? Eller kanske är det ett EU-genomsnitt?

Och om medlet räcker mer än 21 veckor, kan jag reklamera flaskan och få en ny? (Att den räcker kortare tid har de ju friskrivit sig från med formuleringen "upp till".) Frågorna hopar sig...

Frågorna hopar sig till den milda grad att jag googlar mig fram till Facebooksidan för Yes Diskmedel. (Jo, det finns en sådan.) Och där framgår det att jag inte är ensam om att ha grubblat på detta med 21 veckor. Det visar sig att de 21 veckorna är baserade på någon uppgift om genomsnittsför-säljningen av Yes. Och Facebook-sidan medger att siffran kan variera beroende på om man har diskmaskin, hur ofta man diskar, osv. Nähe!

Utanför kroppen

En del människor har berättat om hur de haft någon slags
"utanför kroppen"-upplevelser. Ofta inträffar dessa
upplevelser i dramatiska sammanhang. Folk har liksom
svävat iväg från sin kropp, och uppflugna i operationssalens
takhörn har de kunnat betrakta sig själva liggandes på
operationsbordet, medan läkarna intensivt arbetat med hen.
(Ett närbesläktat fenomen är de s.k. "nära döden"-upp-
levelserna).

Jag har också haft "utanför kroppen"-upplevelser, men jag
drar mig lite för att berätta om dem. Mest eftersom
omständigheterna har varit mindre dramatiska. Men å andra
sidan: Vi har alla *vår* erfarenhet, vi har alla rätt till vår egen
berättelse, och så vidare. Så jag delar min story.

Mina "utanför kroppen"-upplevelser inträffar på Coop. Jag
kommer fram till kassorna släpandes på en mer eller mindre
fylld kundkorg. (Om den är mindre fylld tenderar upp-
levelsen att bli starkare, har jag märkt.) Jag ställer mig i en
kassakö.

Det är då det händer. I andanom ser jag mig själv ståendes i
den andra kassakön, den som går snabbare. Jag ser mig själv
redan framme hos kassörskan, och vips därefter ser jag mig
själv gå ut genom butiksdörrarna, ut i saligheten.

Och precis där brukar den själsliga lilla exkursionen tvärt ta slut, och ande och kropp förenas på nytt när verkligheten tvingar mig att hasa fram mig själv och min kundkorg ett snäpp i kön.

Nu när jag skriver detta inser jag plötsligt att det var länge sedan jag sist hade en sådan upplevelse. Jag grunnar på det en stund, och söker förstå hur det kommer sig. Plötsligt ser jag sambandet: Självscanningen har gjort själavandringen överflödig.

Julmiddag på Denny's

Florida på juldagen

Att hitta kvällsmat på juldagen i Amerika verkar vara ungefär lika svårt som att hitta härbärge i Betlehem. Hotellreceptionisten ger oss en särskilt framtagen lista på julöppna restauranger. Vi åker till det första stället på listan. Stängt. Vi åker vidare till det andra stället. Stängt. På vägen passerar vi några matställen (stängda) som inte ens finns på listan. Vi börjar tvivla på det meningsfulla i att åka till det tredje påstått julöppna stället som ligger några miles bort, men vi cruisar vidare med bilen åt det hållet. Plötsligt ser vi Denny's som är öppet, och svänger genast in.

Vi får ett bord på detta Sibylla-liknande mathak. Vi beställer fish & chips till barnen. Sorry, fisken är slut. Det får bli Rudolf-med-röda-mulen-pannkaka, komplett med en illröd chokladbit (!) till mule och kalkonbacon till horn. Den vita vaniljsåsen som enligt bilden på menyn skulle ha utgjort ögonvitor på denna gastronomiska kreation verkar dock vara slut, alternativt bortglömd.

Hustrun väljer, något missnöjd, en "Senior 55+ Loaded Veggie Omelett" (jo, den hette så). Jag tror att hustruns lätta missnöje mest har med maträttens åldersnischning att göra...

Själv tar jag något kycklingrelaterat som serveras med potatismos. Moset skulle hemma i Sverige förmodligen

återfinnas i pulverform under "butikens eget budget-
varumärke".

Nåväl, nöjda med att åtminstone ha fått i oss lite mat, styr vi
åter kosan mot hotellet. Jag sätter mig bakom ratten och
ställer in GPS:en på att ta oss till hotellet. Jag svänger ut på
vägen, kör bokstavligen några fot, och svänger in på
hotellets parkering. Det visar sig att Denny's är granne med
vårt hotell, men fanns inte med på hotellets lista över
julöppna matställen.

Topp 4 bäst med USA

Florida

Min topp-4-lista av saker som är bra med USA:

4. RECEPTFRITT

Man kan köpa receptfri hostmedicin som faktiskt fungerar, i vilken mataffär som helst. (Har på förekommen anledning behövt göra det.) I Sverige är substansen Dextrometorfan visst narkotikaklassad...

3. VARDAGSVÄNLIGHET

Kassörskans "how are you?" må vara ytligt, men är ändå ett tecken på att vi fortfarande betraktar varandra som medmänniskor.

2. TRAFIKEN

Jag kör bil hellre i Chicago eller Miami än i Stockholm eller Göteborg!

1. TILLÅTEN HÖGERSVÄNG VID RÖTT LJUS

Denna tillit till bilförarens omdöme verkar vara en otänkbar tanke för varje svensk trafikbyråkrat.

Topp 5 sämst i USA

Florida

För allsidighetens skull kompletteras förra listan med min topp 5-lista över dåliga saker med USA:

5. BRÖDET

Så fluffigt och ljust att hela påsen riskerar att lyfta och sväva iväg. Bäst att slänga in några bagels i påsen så tyngdkraften får en hållhake. Vill man ha tuggmotstånd får man åka till engelsmannen borta i Lake Worth som pratar lijte swenska och som driver Polar Bakery. Där kan man köpa både Leksandsknäckebröd och finskt rågbröd, dock till ett pris som utgör en bantningskur för kreditkortet.

4. HOTELLFRUKOST

En orgie i socker och färgämnen. Men medan man tuggar i sig en glasyrmarinerad donut kan man ju trösta sig med att den söta självlysande yoghurten i alla fall är "98% fat free".

3. PLASTPÅSAR

Jag normalhandlade mat igår. Hemma hade det räckt med två pappkassar. Här räknade jag till 15 sladdriga plastpåsar.

2. KAFFE

Kan innehålla spår av kaffebönor.

1. KAFFE I STYROFOAM-MUGG.

Man måste köra genom halva delstaten innan man ens kan tänka tanken att dricka det utan att bränna tungan. Tur att

det finns fyra mugghållare vid förarplatsen i hyrbilen så
man kan sippa gårdagens kaffe ur en annan mugg, då den nu
sjunkit till drickbar temperatur.

Amerikansk sjukvård är helt OK

Florida på nyårsdagen

Anekdotisk evidens är just anekdotisk, men det är oundvikligt att ens egna erfarenheter formar ens verklighetsuppfattning, åtminstone till en viss grad. Så varsågoda, här kommer anekdotisk evidens till förmån för amerikansk sjukvård.

Under en vintersemester i Florida slogs vi med perfida förkylningsvirus/-baciller. Hustrun hade ögoninfektion i en vecka som inte blev bättre trots glada tillrop från svenska 1177 (som man f.ö. kan ringa från utlandet; numret är +46 771 11 77 00). Till slut en kväll, faktiskt på självaste nyårsdagens kväll, när det mesta dessutom är stängt, fick hon nog.

Hon googlade fram "MD Now", de två närmaste ställena var 9 respektive 11 minuters bilresa bort. Vi hoppade in i hyrbilen och körde till ett av dem. Ca klockan 19 klev vi in på mottagningen. Efter fem minuter fick vi registrera oss i receptionen. Några minuter och 145 dollar senare var pappersexercisen avklarad för oss främlingar. Ytterligare fem minuter senare ropade sjuksköterskan in hustrun, blodtryck, temperatur och anamnes avgavs. Det var för övrigt inga som helst problem att rapportera kroppsvikt och temperatur i kilogram och Celsius, trots att sådant vanligen mäts i stenar, pund och Fahrenheit i detta land.

Sedan fördes vi vidare till doktorns mottagningsrum (med en heltäckningsmatta som säkert skulle få IVO hemma i Sverige att få dåndimpen). Några minuter senare kom doktor Long Tran intassande. Namnet till trots var han åtminstone två eller tre huvuden kortare än vi långväxta skandinaver. Dr Tran kikade i hustruns ögon, ställde diagnos och ordinerade antibiotiska ögondroppar. (Vilket förmodligen en svensk läkare knappast skulle ha gjort ty antibiotikaresistensen är ju att ta på allvar. Men just där och då, med en semester till hälften förstörd av eländet, var det lätt att bortse från vad Strama kunde tänkas ha för åsikter i frågan.)

En timme efter vår ankomst var vi på väg hem igen. Receptet hade elektroniskt skickats till det apotek som vi valt, och det enda som hindrade oss från att hämta ut medicinen klockan 20 på kvällen var att det trots allt var nyårsdagen. Det fick vänta till nästa morgon.

Jag överlåter åt läsaren att föreställa sig hur svensk sjukvård skulle ha behandlat en utländsk patient utan personnummer med ögoninfektion en röd nyårsdag.

Vegancertifierat, glutenfritt socker

Florida

Amerikaner verkar ha en förkärlek för att marknadsföra sina livsmedel med vad de *inte* innehåller. En inventering av de matvaror vi har i skafferiet ger vid handen att vi är lyckliga konsumenter av bl.a. följande:

- Vegancertifierat socker
- Glutenfri ketchup
- Naturligt fettfria plommon
- Russin - "no sugar added"
- "Vegan naturally gluten free sugar"
- 100% ren druvjuice utan vare sig kolesterol eller transfetter

Det sistnämnda, dvs den 100% rena juicen, är intressant nog "With Added Ingredients". (Man undrar ju om de 100 procenten med tillägg kan vara släkt med ett valsystem där den som får flest röster inte nödvändigtvis blir vald...)

Viss övertydlighet vad gäller allergener kan också skönjas. På en påse mandlar & valnötter finns följande två rader:

Ingredienser: mandlar, valnötter
INNEHÅLLER MANDLAR, VALNÖTTER

Vad har bananerna på bilden med saken att göra? Jo, de är veganskt kosher 100% naturligt soja- och mjölkfria, utan konserveringsmedel och koffein, fria från jordnötter och gelatin, "no sugar added"-bananer hemmaodlade på baksidan av huset. Synnerligen goda sådana, dessutom!

PK barnböcker

Ett par av Jan Lööfs barnböcker ska genomgå viss bearbetning, och detta har väckt debatt i media. Förlaget vill retuschera två teckningar eftersom de innehåller "stereotypa skildringar av andra kulturer".

Det är på tiden att vi bringar lite ordning i barnboksträsket! Inte kan vi stilla åse hur nästa generation tillåts glida ner i kulturellt fördärv! Låt mig därför komma med ytterligare några censurtips.

Förlaget Wahlströms borde redigera bort några "Herre Gud"-utrop i "Den magiska trädkojan"-böckerna som mina barn läser nu, ety jag inte vill att mina barn ska lära sig att missbruka Herren Guds namn.

I en av "Riddarskolan"-böckerna utgivna av Bonnier Carlsen förekommer en halshuggen riddare, och halshuggning av fienden som konfliktlösningsmetod torde strida mot varje tänkbar värdegrund som producerats i Sverige under de senaste tio åren!

Och Rabén & Sjögren: Huru stereotypa äro icke skildringarna av di där mänschorna i Lönneberga: pojken mä si mysse och si bysse, fadern som i sin snålhet inte vill låna fem öre till sin förgrrrrymmmade unge, den fina fru Petrell i sin droska… Jag menar, hur kan vi tillåta den där Astrid att så stereotypt skildra de minnen av fornstora dar som vårt land tronar på?!

Och Bamse, vilket slags ideal är denne nallepalt egentligen? Så fort det är fara å färde drar han i sig en hel burk av något som säkerligen ej genomgått för naturläkemedel föreskriven kontroll. Jag menar, vi måste ju hålla hårt på det där med vetenskap och beprövad erfarenhet! För att inte tala om det där med dopning...

Näe, det är dags att förlag och myndigheter tar tag i saken, så vi föräldrar slipper besväret att lära våra barn sålla och skilja på verklighet och fiktion!

Järnrörsskandal

Härförleden bestämdes i vår bostadsrättsförening att det skulle sättas upp däckupphängare vid varje plats i det gemensamma garaget. Så en vacker dag begåvades vi alla med en sådan upphängare, bestående av en stadig metall- platta fastskruvad vid väggen, och ur vilket det stack ut ett par rejäla järnrör. (Och då menar jag riktiga järnrör, inga sådana där fjolliga aluminiumrör som sverigedemokraten svingade under den s.k. "järnrörsskandalen".)

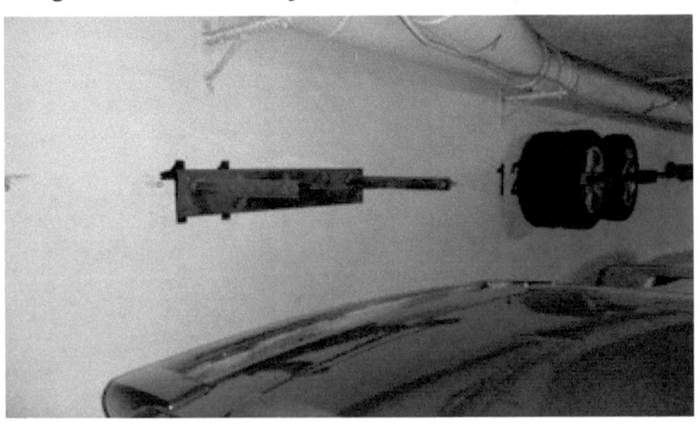

Jag kanske kan uppfattas som petig, men för de 450 kronorna i månaden som jag pröjsar för garageplatsen tycker jag mig ha A) rätten att kunna öppna bagageluckan på min bil, och B) rätten att inte spräcka pannbenet när jag gör det.

Däckupphängaren hade nämligen den lilla bieffekten att den inkräktade på mina rättigheter under både punkt A och punkt B ovan, eftersom konstruktionen var placerad precis ovanför biltaket, i pannbenshöjd.

Jag kanske också ska nämna att jag inte är i behov av någon däckupphängare, då däckfirman och jag har delad vårdnad om vinterdäcken/sommardäcken.

Nåväl, jag är ingen rättshaverist när det gäller att försvara mina rättigheter. Så istället för att kräva styrelsens avgång vid nästa årsmöte, tog jag helt enkelt fram hylsnyckeln och skruvade loss de tre muttrarna som höll fast pannbens-krossaren i väggen, och så var det problemet ur världen. Trodde jag.

Döm om min förvåning när jag efter några dagars bortavaro under sportlovet finner åbäket uppsatt på väggen igen! Och inte nog med det: hen som gjorde det hade bemödat sig att borra tre nya hål i betongväggen, trots att de ursprungliga bultarna satt kvar i väggen, 15 cm till vänster om de nya, kompletta med brickor och muttrar.

Hylsnyckeln åkte fram igen. De utstickande järnrören ersattes av en liten lapp där jag uttryckte min önskan att kunna öppna bagageluckan med intakt pannben. Och som de brukar säga på nyheterna: vi har utan framgång sökt vicevärden för en kommentar.

Polkagris

Att man aldrig lär sig! På vägen hem från en resa stannade vi till vid en polkagrisfabrik utanför Gränna. Storögda åsåg vi hur den 150-gradiga massan trollades till polkagrisar. Därefter fick barnen lov att köpa var sin polkagris.

Det måste dock ha varit något hypnotiskt över godis-schamanens vevande, slungande, knådande och vridande av polkagrismassan, för även jag lägger en polkagris (choklad & mintsmak - man är ju trots allt vuxen) för 15 kronor på kassörskans disk.

Jag hinner knappt sätta mig bakom ratten och stoppa in godiset i munnen förrän hypnosen bryts och jag kommer ihåg det: Just det, jag tycker ju inte om hårt godis.

Men nu har man ju köpt en polkagris för 15 välskattade kronor, så jag sitter där på E4:an och suger pliktskyldigast på kariespinnen. Mil efter mil. Den smakar nästan inget, och den tar ju aldrig slut heller. Börjar hallucinera om smakexplosionen av mint och choklad i en mjuk After Eight... Strax utanför Mjölby ger jag upp och viger socker-stavseländet åt förgängelsen. Den har då ett kvarvarande värde på 14 kronor och 78 öre.

Note to self: Jag tycker inte om hårt godis. Jag tycker inte om hårt godis. Jag tycker inte om hårt godis!

Medicinsk definition

INFLUENSA [-en'sa] s. -n pl. -or
Medicinskt undantagstillstånd med symtom som feber, hosta, huvudvärk, orkeslöshet samt diffusa smärtförnimmelser över stora delar av kroppen. Kan efter ett par dagar i en tvåbarnsfamilj övergå i ett mentalt undantagstillstånd som karaktäriseras bl.a. av upprepat suckande, godtycklig dygnsrytm, upphävda reduktioner vad gäller barnens skärmtid, samt servering av glassbomb till kvällsmat.

Öppet brev till vissa medbilister

Ärade medbilist!

Jag förstår att det kan vara svårt att hålla koll på alla fantastiska finesser som din bil har. Det är många knappar och pekskärmar att hålla koll på nuförtiden.

Låt mig därför göra dig uppmärksam på en finess som du kanske har missat. På vänster sida av ratten finns en spak som kan föras uppåt eller nedåt. När du för den i endera riktningen hörs ett klickande ljud i bilen. Jag förstår att ljudet kan kännas meningslöst, men strunta i klickljudet. Finessen med spaken är nämligen inte ljudet, utan att en blinkande orange lampa tänds på utsidan av bilen. Den blinkande lampan har en telepatisk funktion (det är ju helt fantastiskt vad ingenjörerna har kommit på!): den talar om för mig vilken riktning du tänker svänga, och om den inte blinkar förstår jag att du tänker köra rakt fram.

Min erfarenhet av att vistas i trafiken - jo, tänka sig, du är faktiskt inte den enda personen som vistas där! - är att allt fler bilister missat denna helt enastående telepatiska finess.

Kom igen, var lite stolt över din bil! Jag menar, du tvekar ju inte att använda GPS, back-kamera, farthållare, filhållare, mugghållare och alla andra finesser som din bil har. Varför då rata denna genialiska telepati-modul? Visa att du finns!

Tveka inte att skicka ut en "här kommer fantastiska jag, och jag tänker banne mig svänga till höger här i korsningen och ingen annanstans, bara så ni alla losers som står där i korsningen och undrar vart storslagna jag ska ta vägen vet det!"-signal med spaken till vänster om ratten!

Spaghetti i luren, del 1

Idag har visst varit en internationell telefonidag. Först ett samtal från "Microsoft Technical Department" (men det samtalet kan ni läsa om i min förra bok *Lura luringen i luren*), och sedan ringde en Sara Någonting från Italien.

Hon utfrågade mig utförligt om mina preferenser vad gäller italiensk mat, och allt eftersom förhöret fortskred packade hon ner den ena varan efter den andra i sitt erbjudande, utan att ens ha frågat om jag ville ha det. Jag skulle således få mig tillsänt extra virgin olivolja, äkta pasta (med endast noll kalorier, så jag skulle inte gå upp i vikt, försäkrade hon mig), ost gjord på komjölk, bruchetta, pesto genovese (den är grön i färgen, upplyste hon mig), kaffe gjort på arabicabönor (innehåller bara lite koffein, så jag kan dricka hur mycket som helst), och säkert några varor till. Och då hade jag ändå i förhöret hävdat – bara delvis sanningsenligt – att jag inte tyckte om vare sig oliver, svamp, pastasås, marmelad eller biscotti. Min faiblesse för choklad, som jag försökte påtala, blev dock ignorerad; jag antar att det inte fanns i sortimentet.

Avslutningsvis skulle jag bara uppge mitt förnamn och postnummer så skulle varorna komma hem, och jag skulle heller inte betala kuriren (!) som skulle komma med varorna. Fem dagar skulle jag därefter få på mig innan jag behövde ta ställning till hur jag går vidare med de 800 kronorna som detta erbjudande på något vis var förknippat med.

Men om jag efter de fem dagarna inte vill ha varorna, vad ska jag göra då? undrade jag. Då var det bara att ringa ett gratisnummer så skulle de ta "full responsibility". Hur jag än upprepade frågan – och jag upprepade den, tro mig – fick jag dock inga klara svar på vad mitt åtagande är, eller vad som gäller om jag inte ville ha dessa fantastiska italienska läckerheter. Att ringa gratisnumret var svaret på allt!

Så jag tackade nej. Och nej igen. Och igen. Och igen. Tack men nej tack. För femte gången: jag tänker inte ge dig mitt förnamn eller postnummer. Nej, jag vill inte. Nej, jag brukar inte köpa varor via telemarketing. Nej. Nej. Jag har sagt nej. Du, jag lägger strax på luren. Nej jag vill inte. Nej du kan inte övertala mig. Nej. Nej tack. Nu lägger jag på luren, ha en bra dag.

Spaghetti i luren, del 2

Vad har jag gjort för att förtjäna dessa internationella telefonsamtal? Spagettifirman från San Lorenzo ringde ikväll och upplyste mig om att min försändelse av italienska läckerheter snart var på väg. Jo, samma försändelse som Sara Någonting utlovade, den med bl.a. äkta italiensk nollkaloripasta (en logisk omöjlighet, ungefär som en triangel med fyra hörn, om ni frågar mig), olivolja, kaffe och ... Ja, listan var som sagt diger och därför gick nog halva tiden av vårt samtal ikväll (den varade bara i 2 minuter och 50 sekunder) enbart åt att läsa upp listan, vilket hon gjorde innan jag hunnit få en syl i vädret.

Så jag lät henne mässa på. Sedan sade hon något om att jag skulle få varorna till påseende gratis och först efter fem dagar behövde jag betala. Jag lyssnade inte så noga så jag minns inte beloppet, men det var något på XXX kronor och 65 öre. Nu behövde jag bara bekräfta min adress, och så skulle saken vara biff.

För första gången i samtalet fick jag nu en syl i vädret: "Nej, jag tänker inte bekräfta adressen. Jag har aldrig sagt att jag vill ha era varor."

"Va?"
"Jag har aldrig beställt era varor."
"Ja men du pratade ju med min kollega..."

"Ja det gjorde jag. Hon ringde upp mig. Jag sade åt henne ungefär tio gånger att jag **inte** vill ha några varor. Till slut lade jag på luren" upplyste jag henne, med viss skärpa i rösten. Jag tyckte nästan synd om henne för hon lät uppriktigt besviken. "Oj, okej, ursäkta att vi störde dig."

Tankelucka på väg

Jag sitter i bilen och närmar mig en av Linköpings ny-installerade automatiska farthinder: en liten lucka som öppnar sig i vägen om man kör för fort. Den grop som då uppstår skapar obehag hos föraren och eventuella passagerare när man dunsar över (eller rättare sagt ner i) den. Det är liksom poängen med anordningen.

Hastighetsgränsen här är 30 km/h. Ögonen växlar kontinuerligt mellan hastighetsmätaren och farthindret. Hålla 30, kolla att luckeländet är uppfällt, hålla 30, kolla luckan, hålla 30...

Fem meter efter det automagiska farthindret är det ett övergångsställe. Hastighetsmätaren, luckan, hastighets-mätaren, luckan, hastighetsmätaren... Var är mitt fokus? Hastighetsmätaren, luckan, hastighetsmätaren, luckan, hastighetsmätaren...

Stoppsträckan vid 30 km/h uppgår till c:a 13 meter på torr väg. Och det är som sagt 5 meter fram till övergångsstället.

Förvisso säger forskningen att det är 10% dödlighet om en fotgängare blir påkörd vid 30 km/h, och 80% dödlighet vid 50 km/h. Men frågan infinner sig ändå: Vilket är bättre: att närma sig övergångsstället i 50 km/h med fokus på

övergångsstället, eller närma sig den i 30 km/h med fokus
på luckan, hastighetsmätaren, luckan, hastighetsmätaren...?

Tuggummidebut

Treåringen fick ett tuggummi av en äldre dagiskompis. Då detta var hans livs första tuggummi fann jag mig föranledd att förklara konceptet för honom. "Det där du har i munnen är ett tuggummi, och det är inte som vanligt godis. Man ska **inte** svälja det, utan när det inte smakar mer ska man spo..."

Gulp hördes från sonens svalg.

Suck hördes från pappan.

Parlamentarisk pompa

Vad gör man när man är ensam hemma och ligger sjuk en höstdag? Tja, man kan t.ex. först titta på det högtidliga öppnandet av det brittiska parlamentet från i våras, och sedan dito här i Sverige idag.

Man kan konstatera att den svenska högtidligheten är ganska modest i jämförelse med den brittiska. Folkmusik, Kungssången och en blå matta i riksdagssalen i all ära, men var är den gyllene tronen där majestätet sitter, insvept i hermelinbräddad mantel, med krona på huvudet? Och Elizabeth II har minsann en "cap of maintenance" – den liknar mest en nattmössa deluxe – som förs i högtidlig procession åstad på en pinne – medan vår svenske monark har en... näsduk instoppad i kostymens bröstficka.

Statsministern läser upp sin regeringsförklaring som spottats ut av en anonym laserskrivare i Rosenbad, medan Her Majesty the Queen läser upp sin regerings motsvarighet som nedtecknats på getskinn, med bläck som enligt uppgift tar flera dagar att torka.

Och var är alla skojiga ritualer, som t.ex. den där med "Black Rod", en kille med svart stav, som får underhusets port igensmälld i fejan, innan han tillåts stiga in i underhuset – efter att ha högtidligen bankat på porten tre gånger med sin svarta stav?

Visa av 1605 års krutkonspiration, då någon planerade att lönnmörda kungen och spränga parlamentet i luften, ingår det i ceremonielet nu fyra sekel senare att Yeomen of the Guard letar igenom källarna i Westminster efter explosiva varor. Som tack för mödan får soldaterna ett litet glas portvin var.

På de TV-bilder jag såg från Helgeandsholmen såg jag däremot inga livgardister som i blänkande hjälmar sökte igenom Riksdagshusets kulvertar på jakt efter krut-laddningar – än mindre att de skulle ha belönats med en liten nubbe efter fullgjort uppdrag. Och det går inte att skylla det på avsaknad av svenska krutkonspirationer heller. År 1536 hade vi nämligen en alldeles äkta stockholmsk krutkonspiration där man planerade ta Gustav Vasa av daga medelst en rejäl smällare under hans majestäts stol.

Men en sak saknade britterna: De hade ingen Lisa Nilsson som fick parlamentarikerna att sjunga allsång i *Jag har himlen runt hörnet*!

Lura luringen i luren

I min förra bok Lura luringen i luren *återgav jag ett antal av de många samtalen jag fick från telefonskojarna som på indisk-engelska försökte lura i mig att min dator drabbats av datorvirus. Jag satte i system att spela med och försöka uppehålla dem så länge som möjligt. Så länge de pratade med mig så skulle de inte kunna lura någon annan, och det var mitt bidrag till att subtilt försöka sabotera deras lurendrejeri. Här är ett sådant samtal som jag inte tog med i den boken.*

Jag lägger på luren och är tvungen att nypa mig i armen för att förvissa mig om att detta verkligen har hänt och inte är en post-magsjuke-hallucination... Luring numro 1 ringer och får mig att sätta mig vid datorn. Sedan transfereras jag till luring numro 2, och vi börjar dansa.

Han uppmanar mig trycka på Windows+R, därefter EVENTVWR+Enter, och jag ska då bli skrämd av de hemskt många felmeddelandena som ploppar upp på skärmen. Därefter beordras jag köra assoc-kommandot, han rabblar upp att mitt CLSID som är 888DCA60-FC0A-11CF-8F0F-00C04FD7D062, och jag förväntas då bli övertygad om att han har koll på just min dator eftersom det är precis samma CLSID som jag nu fått upp på skärmen. (Nu råkar typ samtliga Windows-datorer i världen ha samma CLSID, men jag talar inte om för honom att jag vet det.)

Därefter ska jag surfa till teamviewer.com, en tjänst genom vilken jag kan tillåta någon annan att fjärrstyra min dator, om jag ger dem min 9-siffriga koden. Jag startar naturligtvis *inte* tjänsten, men jag hittar på en 9-siffrig kod (ja, jag slänger in sekvensen "666" i den bara för skojs skull) och därtill en 4-siffrig PIN-kod. Nähä, det funkar inte säger luring numro 2, och ber mig upprepa koden. Jag gör det några gånger, och konstigt nog fungerar koden lika dåligt varje gång, och han kommer inte åt min dator. En kvart in i samtalet blir det sedan bara tyst i luren.

Jag är ju ändå sjuk hemma och förväntar mig inga andra samtal, så jag låter linjen vara öppen, i förhoppning om att deras telefonräkning ska ticka på. Tre kvart senare tycker jag dock att det räcker och jag lägger på.

Några minuter senare ringer telefonen, och luring numro 2 undrar varför jag lade på, varpå vi fortsätter dansen där vi blev avbrutna. Jag serverar honom en ny kod (dock fortfarande med 666 på exakt samma plats som i förra koden). Nähä, funkar inte nu heller.

Då tillgriper han plan B och skickar mig till showmypc.com och uppmanar mig att ladda ner programmet där. Han blir dock märkbart stressad när jag undrar lite över varningstexten "User Warning: Do not accept help from unknown callers" som finns på hemsidan. Jag utmanar honom att säga mig vilken Windows-version jag kör. "Hur ska jag veta det?" undrar han. "Ja men om du vet mitt CLSID då borde du väl veta vilken Windows-version jag också har?" drar jag till med. Det är alltid lika roligt att vända deras argumentation mot dem själv och höra dem kippa efter luft.

Tempot i hans tal ökar, och jag får svårare att höra vad han säger. Vi munhuggs lite till kring temat varför jag ska lita på just honom, och släppa in just honom i min dator när jag inte släppt in några andra av hans gelikar.

Han försöker bevisa sin autenticitet med tricks jag inte stött på förut. Först får jag köra "msconfig" och den visar att några systemtjänster är stoppade och han hävdar att det beror på virus. (Det är dock helt normalt på en dator att inte alla tjänster är igång.) Jag börjar vid det här laget ha svårt att hålla mig för skratt.

Samtidigt noterar jag med intresse att han börjar allt mer prata med någon annan bredvid. Jag kan inte identifiera språket, men det låter snarlikt något jag hört människor från en viss tidigare brittisk koloni i Asien prata. Oavsett vad, så är språket mig veterligen inte ett majoritetsspråk i Kalifornien, varifrån åtminstone luring numro 1 påstod sig ringa.

Sedan kör han ett nytt trick till: jag beordras googla på "validator", och klicka på första träffen. Jag hamnar på validator.w3.org och uppmanas skriva in min epost-adress i rutan och klicka på "Check". "Info" "info" "error" står det. Detta är, enligt luring numro 2, bevis på att min dator är under attack av virus och hackare, och att han kan hjälpa mig. Nu kan jag inte låta bli längre. Jag brister ut i ett gapflabb.

För er som inte är datornördar måste jag nog förklara gap-flabbet. Det man egentligen gör med validator.w3.org är att man anger adressen till en hemsida, och validatorn gör en teknisk syntax- och grammatikkontroll av hemsidan. Validatorn är ungefär som om en svensklärare som rättar din uppsats avseende stavning och grammatik, men utan att yttra sig över innehållet eller kvaliteten i övrigt.

Att knacka in en epost-adress i denna validator och hävda att resultatet betyder att min dator är under attack är ungefär lika löjeväckande som att be svenskläraren rätta ditt alster från bildlektionen – och hävda att resultatet är bevis på din skicklighet som bagare.

Tillbaka till luring numro 2. Jag försöker förklara att hans trovärdighet inte precis har stigit med hemsidesvalideringen av min epost-adress. Han retirerar till plan A igen och ber mig upprepa teamviewer-koden. Jag upplyser honom att koden inte fungerar eftersom jag hittat på den. Jag tvingas upprepa mig innan polletten trillar ner hos honom.

Han hotar med att blockera min dator. Jag upplyser honom om att deras blockering av min dator inte funkade förra gången heller. Han önskar mig till ett synnerligen varmt ställe, och jag önskar honom en fortsatt trevlig dag.

Tråkmakare och stavhopp

Kring kvällsmat vill snart 5-åriga dottern konsumera resten av sin dagliga skärmtid. Frågan är bara: På vad? Mamman föreslår Barnkanalen, på vilket dottern replikerar: "Nej jag vill inte titta på Barnkanalen. Det är bara tråkmakare där."

Ser fram emot att SAOL snart tar in detta underbara ord: "tråkmakare"! Ordvrängande pappan myser stolt, och minns hur han lärde dottern att redan som fyraåring uttala ordet "ecklesisastikminister".

Några dagar tidigare hade vi pratat om DN-galan och friidrott, vilket inspirerat dottern till att baxa ut madrassen från gästrumssängen och omvandla den till höjdhopps-madrass. En innebandyklubba fick tjänstgöra som ribba.

Efter en stund är det dags för grenbyte. "Jag ska hoppa stavhopp" säger hon. Och så skyndar hon sig att definiera stavhopp: "Stavhopp är när man tappar staven innan man hoppar." Undrar vad Jelena Iszinbajeva eller Armand Duplantis säger om den definitionen?

Farthindren som försvann

Häromdan dök dessa farthinder upp mitt på cykelvägen. Nej, det är ingen livligt trafikerad väg som korsas - det är en simpel infart där det nästan aldrig är någon trafik. (Men jag kan ju ha fel, jag åker ju där bara två gånger om dagen. Kanske är det en hejdundrans trafik där dagligen kl 10-11 när jag inte är där?)

På vilket sätt förbättras trafiksäkerheten när jag som cyklist siktar på gräsmattan till höger, alternativt försöker klämma mig förbi mellan hindret och busken + stolpen till vänster? Eller blir säkerheten bättre om jag cyklar bland bilarna och bussarna på gatan bredvid för att undvika dunsa över farthinderseländena? Varför inte istället lägga guppen så att det är de fåtaliga in/utpasserande bilarna som får guppa över dem istället? Är detta överhuvudtaget en osedvanligt olycksdrabbad korsning som tarvar dessa hinder - jag tror inte det. (Men jag kan ju ha fel - jag har ju bara åkt där två gånger om dagen i över ett decennium.)

Sådana frågor ställde jag till kommunen. De svarade redan nästa dag och hänvisade till Akademiska Hus som äger marken.

Därför skickade jag mina frågor till deras fastighetschef. Något svar fick jag inte. Men tro't eller ej, nästa dag var hindren borta!

Hjulbelysning

Tummen upp för er 27 cyklister som jag såg på hemvägen ikväll och som hade fungerande cykellyse både fram och bak. För er sju som (felaktigt) trodde att ni antingen var självlysande eller upplysta av er helgongloria, följer här en kort historielektion.

I min barndom/ungdom (cirka anno 1980) bestod cykellyset av en Glödlampa och en Dynamo. Dynamon låg an tungt mot däcket; den lät som en korsning mellan en tandläkarborr och en handdriven såg när den genererade ström till Glödlampan. Dynamon tenderade dessvärre att sluta fungera om det var snöslask. Glödlampan var dessutom en energislukare, och gick sönder efter ett tag. Då, på 1900-talet, kunde man faktiskt förstå att cykellyse var något som krävde en ansträngning att använda.

Men idag lever vi på 2000-talet. Forskningen har gjort enorma framsteg! Det finns nav-dynamon som är så lätta att de inte märks. Är man tveksam finns det något som heter Batteri. Det finns t.o.m. Små Batterier. Och Mycket Små Batterier. Och det finns också något som heter Lysdioder och som inte drar nästan någon ström alls. Kombinationen av Lysdiod och Mycket Små Batterier är fullkomligt genialisk, och dessutom billig (29:90 på Kjell & Co, exempelvis).

Så, ni sju och alla andra där ute som cyklar i mörkret utan lyse, vad har ni för ursäkt? Vad väntar ni på? Att era skallar ska spräckas när ni krockar, så att kosmologerna äntligen ska kunna titta bakom era pannben och då kunna lokalisera den gåtfulla mörka materian som universum sägs bestå av till 23%?

En fördel med att vara badkruka

Ibland har man glädje av att vara badkruka. En torsdag i början av en sommar badade hustrun och några vänner i Vättern. Min avvaktande attityd till Vätterns kalla bölja hånades då kärleksfullt av både hustru och vänner.

Idag, tre dagar senare, pryds hustruns ben fortfarande av kliande röda utslag stora som tioöringar. Finge jag en tioöring för varje utslag så skulle jag kunna köpa en rejäl glass för pengarna. Vännerna pryds enligt egen utsago också av kliande röda utslag.

Sensmoral: En fördel med att vara badkruka är att man slipper bli biten av vattenloppor.

När jag glömde bort att vara badkruka

Den mycket varma sommaren 2018 var inte ens jag någon större badkruka. Jag kunde till och med helt frivilligt sänka min lekamen i Vättern och tycka att det var riktigt angenämt.

Det straffade sig dock att hänge sig åt Sveriges sommarvarma badsjöar. Under semestern började det först klia ett par veckor i höger öra, och därefter började det göra ont. Så en söndag i augusti uppsökte jag sjukvården.

Läkaren behövde knappt titta in i örat för att konstatera att jag hade fått hörselgångsinflammation.

”Har du badat?” frågade hon mig.

”Ja, det har blivit några dopp” svarade jag.

”Mhm” sade hon, och skrev ut örondroppar innehållandes kortison, antibiotika och annat gojs.

Sensmoral: En fördel med att vara badkruka är att man, förutom att slippa bli biten av vattenloppor, också slipper hörselgångsinflammation.

Ölands djurpark

Ölands djur- och nöjespark måste vara ambivalensens inofficiella högborg. I en damm en plastkrokodil – i nästa damm en riktig. På muren en plastapa – bakom muren riktiga apor. Majestätiska tigrar strosar i ett hägn – på ett ladutak står en elefant i glasfiber. Ambivalensen gör sig hela tiden påmind.

En tredjedel djurpark, en tredjedel tivoli, en tredjedel vattenlekland: vad vill vi vara? Tivolidelen verkar vid första anblicken bestå av attraktioner à la ambulerande tivoli – vi kanske packar ihop och drar vidare i övermorgon? Nä förresten, smäll upp en slänggunga på ett gediget betong-fundament – vi blir nog kvar! Men nej, dra in bara kall-vatten på toaletterna – businessen kanske inte håller ändå. Kasta in lite plastdinosaurier i en dunge, mellan spöktåget och babianerna, bredvid den rostiga klätterställningen, nära (de säkerligen numera politiskt inkorrekta) indianerna – nå't ska väl roa kidsen? Men tvinga inte oss att veta vad vår affärsidé är! Låt den icke-svensktalande (och billigare?) delen av personalen köra karusellerna, och underhåll lokaler och material så att det ambivalerar precis mellan funktionellt och förfallet...

PS: Vet någon om det är tillåtet för en näringsidkare att gå omkring och klistra fast klistermärken med reklam för sin verksamhet på de bilar som står parkerade på näringsidkarens kundparkering? Eller kan det falla under en brottsrubricering som t.ex. "egenmäktigt förfarande"? En viss öländsk ambivalent näringsidkare, vars namn jag hänsynsfullt låter bli att nämna just nu, ägnar sig åt sådant klistrande.

Bokstaveringsalfabet

Det fanns en tid i mitt liv då jag innehade flygcertifikat för enmotoriga flygplan. När man anskaffade sig ett sådant certifikat var man tvungen att bl.a. lära sig bokstaveringsalfabetet: Adam, Bertil, Cesar, David, Erik, Filip...

Nyligen ansåg Rättviseförmedlingen och Frederika Bremer Förbundet (ja, de särskriver det) att det var dags att uppdatera det mansdominerade bokstaveringsalfabetet för att "spegla Sverige som det ser ut". De vill således att det ska bokstaveras Adam, Berit, Cesar, Doris, Emir, Fanny... Ut med Kalle, in med Khaled. Ut med Rudolf, in med Robin. Väck med Helge, välkommen Hedvig. Dissa Petter, hissa Pippi. Urban får lämna plats åt Ulrik (trots att det finns 5445 Urban men bara 1103 Ulrik i Sverige enligt SCB). Och så vidare. Åke och Östen får dock hänga kvar av någon outgrundlig anledning.

Själv anser jag att dock att det nya förslaget är alldeles för snävt och konservativt. Ska vi ha ett bokstaveringsalfabet som speglar vårt härliga Sverige i hela dess komplexa mångfald, så låt oss göra det ordentligt!

Här följer alltså mitt förslag till nytt bokstaveringsalfabet:

A: Adam
B: Billy

C: Carola

D: Doris

E: Eeeemil

F: Friggebod

G: Gärna

H: Hjärna

I: IKEA

J: Jimmie

K: Khaled

L: Lucia

M: Mello

N: Normkritik

O: Osthyvel

P: Pippi

Q: Queer

R: Robyn

S: Snabel-a

T: Tacos

U: U137

V: VAB

W: Wlodzimierz (jo, det finns 183 sådana i Sverige)

X: X-box

Y: Yrsa

Z: Zlatan

Å: Åsiktskorridor

Ä: Äsch

Ö: Ööööh

Offentligt papper

Om någon statistiker/ekonom/räknenisse av något slag vill ha förslag till en uppgift som kan göra världen lite bättre, så kommer en här.

Skriv en vetenskaplig rapport som bevisar att det där billiga gråa tunna toapappret, som är vanligt förekommande på offentliga toaletter, i själva verket är ett ekonomiskt och miljömässigt vansinne. Jag menar, eländet går av så fort man tar tag i rullen och så sitter man där med en frimärksstor bit i handen. Eller så går den av på längden och man sitter där med en oanvändbar remsa 25 cm lång och 4 cm bred. Och när man till slut lyckas riva av en lagom bit måste man ju ta extra mycket, eftersom man måste vika den där öststatsgråa träprodukten ett par gånger extra för att inte fingret ska... ja, ni förstår.

Det måste väl ändå vara billigare och bättre med lite kvalitet, även om priset per meter är lite högre?!

Och vill du göra inte bara en rapport utan en hel avhandling, då kan du också räkna på diverse indirekta kostnader som snålpappret för med sig. Som t.ex. att man måste först böja handen i onaturlig vinkel och treva efter papperseländet inuti toapappershållaren innan man får tag i det och ens kan börja riva pappret i ovannämnda frimärken eller strimlor – varvid man river sig på toapappershållarens sågtandskant, och behöver ännu mer papper för att torka av blodvitet som uppstår.

Du kan också räkna på det svinn som är resultatet när fysikens lagar kombineras med att snålpappret levereras i rullar stora som bildäck. För att få ut toapapper måste nämligen en kraft till som sätter rullen i rotation; det är detta som sker när vi lyckas dra ut papper. Ju fullare rulle, desto mer kraft krävs.

Nu är det så att en viss Newton har formulerat lite lagar som har att göra med tröghet och rörelsemängdens bevarande, och utan att gå in på detaljerna kan vi summera det hela med att toarullen fortsätter rotera tills den bromsas upp, och att ju fullare rullen är, desto längre är bromssträckan. Det är därför fulla snålpappersrullar släpper ifrån sig mer papper än vad nöden (ha!) kräver. Ibland räcker detta överflöd ända ner till golvet, och pappret som varit på toagolvet vill man förstås inte använda, utan det förpassar man till... utan att man använder det till att... ja, ni förstår.

Det är sådant svinn som man skulle räkna på, menar jag, och bevisa att kvalitet lönar sig.

En sådan avhandling kanske inte räcker till ett Nobelpris, men ett IgNobel-pris borde det räcka till. (Googla om du inte vet vad IgNobel är.) Och när du åker till Harvard för att motta priset för din forskning "som först får folk att skratta och sedan får dem att tänka efter" som IgNobel-priset motiveras med, då vill jag gärna bli bjuden på festen. Det var ju trots allt jag som gav dig idén.

Hotellighet

Efter att under åren ha ackumulerat erfarenhet från hotell på fyra kontinenter har hustrun och jag börjat mäta hotellrummens "hotellighet". Så varsågod, ju fler kryss du kan sätta på ditt hotellrum, desto "hotelligare" är det.

☐ Duschmössa i liten ask/påse

☐ Duschkabin med helt genomskinliga väggar

☐ Fast monterad avancerad duschanordning med minst 3 kranar/vred och minst 5 munstycken som kan skålla hotellgästen horisontellt/vertikalt, beroende på hur vreden är inställda

☐ Badkar med avlopp placerad mitt i karet, och som stängs när man råkar trampa på det, och som öppnas... tja, av personalen när man checkat ut?

☐ Badkar med symboliskt stänkskydd, ungefär 60 cm bred och 90 cm hög, som låter ungefär 35% av duschvattnet skvätta på golvet (vad är det för fel på ett duschdraperi?)

☐ Ingen golvbrunn i badrummet

☐ Tvål med hotellets logga

☐ Små flaskor med schampo och hårbalsam

☐ Fast monterade behållare med schampo/duschtvål med unisex-doft

❏ Tjock handduk som ska läggas på badrumsgolvet

❏ Telefon i badrummet

❏ Möjlighet att koppla in TV-ljudet till en högtalare i badrummet

❏ Ask varur man kan styckvis dra upp näsdukar som upplöses vid minsta kontakt med vatten

❏ Hårtork

❏ Handdukstork

❏ Byxpress

❏ Strykjärn

❏ Galgar som inte kan stjälas (dvs de har ingen ordentlig krok, utan en pinne med en plupp på)

❏ Brevpapper och kuvert med hotellets namn/logga (men aldrig några frimärken)

❏ Kylskåp i miniatyr...

❏ ... med små flaskor/burkar med drycker/snacks...

❏ ... till ett hutlöst överpris

❏ Litet kassaskåp med kodlås

❏ Vattenkokare, tepåsar, små portionspåsar med kaffepulver, socker samt påsar med vitt pulveriserat fett

❏ Litet sy-kit med hotellets namn/logga tryckt på framsidan

❏ En anställd som kommer in ca kl 18 och tänder lampan samt viker upp en flik av täcket

❏ En fast telefon som man är livrädd ska ge obehagliga överraskningar på notan bara för att man råkade knuffa luren ur läge

❏ TV med urtifem kanaler, varav de flesta är på obegripliga språk alternativt olidligt ointressanta

❏ Dörren öppnas med ett nyckelkort i plast

❑ Huvudströmbrytare vid dörren där man ska stoppa in nyckelkortet (men som kan överlistas med t.ex. bibliotekskortet, så man kan ha nyckelkortet kvar i byxfickan)

❑ Hopfällbar hållare, alternativt fast monterad hylla, för exakt 1 styck resväska

❑ Utanför rummet en lång fönsterlös korridor med tjock murrig heltäckningsmatta

❑ ... och längre ner i korridoren en ismaskin och/eller en skoputsautomat

❑ Flashig bok i fyrfärgstryck som beskriver den stad man befinner sig i, på ett sådant sätt att den enda som kan tro att boken har med verkligheten att göra är en amerikan som är utomlands för första gången i sitt liv

❑ Minst en lampa som inte kan släckas från raden av strömbrytare bredvid sängen

❑ Städpersonalens besök i rummet signaleras av att toa-papprets hörn viks till en pil, inte av att de städar ordentligt under sängen

❑ Extra kuddar i ett skåp precis under taknocken

❑ Mörkläggningsgardiner i fönstret...

❑ ... som manövreras medelst knappar eller fjärrkontroll

❑ Tvättpåse medelst vilken man kan få sina underkläder tvättade (ofta till ett dyrare pris än att köpa nya underkläder)

❑ Fotändan av täcket/påslakanet är vikt in under bäddmadrassen, så att när man sparkar loss täcket lossnar underlakanet också

❑ Termostatattrapp på väggen som förleder en att tro att man kan reglera värmen i rummet (men ändå vaknar man mitt i natten av att man antingen svettas eller fryser)

Kokosvaccin

Koh Lanta, Thailand, 2014

Mitt förhållande till färska kokosnötter är jämförbart med det jag har till gula febern-vaccinet som måste förnyas var tionde år. En gång per decennium måste jag sitta på en tropisk strand, få en färsk kokosnöt cabbad (alternativt sabrerad som en champagneflaska), sticka ner ett sugrör i den, dra i mig en munfull, och minnas att kokosvatten smakar… tja, kanske inte direkt illa, men, hmmm, näe tack, jag vill inte ha mer.

Nästa gång den färska kokosnöten kanske får en ny chans torde alltså vara framåt slutet av år 2024.

Otoskopi

Nu har hustrun också varit hos doktorn, och doktorn har spanat in i örat medelst sitt otoskop. Övriga familjen har redan i tur och ordning varit hos doktorn, blivit otoskoperade och ordinerade antibiotika mot öroninflammation (eller otit, som det heter på journalska).

Hustruns otoskopi hade dock en lite annan anledning än öroninflammation. Inspirerad av den senaste tidens öronbesvär ville treåringen leka doktor igår. Mamman lade sig på britsen, och örat skulle förstås undersökas. Treåringen använde en kinesisk ätpinne som otoskop.

Aj.

Idag susade det och blev lock om vartannat i mammans öra, Från vårdcentralen skickades hon till sjukhuset för noggrannare undersökning. Jodå, ett litet sår på trumhinnan var det, men ingen ytterligare åtgärd behövdes. Medicinmannen på vårdcentralen ville ordinera antibiotika, men sjukhusets medicinman var av annan åsikt. Och eftersom han i sin egenskap av specialist hade fler fjädrar i hatten, förlåt hårnätet, slapp hustrun antibiotika.

En av mina läkarvänner upplyste mig att som läkarkandidat får man lära sig att man inte ska stoppa in något som är mindre än en armbåge i örat. Är det för tidigt att skicka treåringen på läkarutbildning?

Sista glödlampan

Häromdagen skruvade jag i den sista glödlampan jag hade kvar i förrådet. Jag talar alltså om en riktig 60-watts glödlampa med wolframtråd i, ungefär sådana som Edison uppfann dem. Ni vet, sådana där glödlampor som förbjöds genom ett – i mitt tycke – befängt EU-direktiv 2011.

Innan det inte så lysande förbudet trädde i kraft hamstrade jag några tiopack riktiga glödlampor, och de har till min glädje räckt i närmare sju år.

Jo, jag har använt LED-lampor och andra slags energisparlampor också under åren, men bara på de ställena där de deras huvudsakliga funktionen har varit att lysa upp tillvaron när det är städ- eller tandborstningsdags. Men där jag tillbringar de viktiga delarna av mitt liv, där har glödlampor gällt. Läsa en bok eller en tidning i LED-lampans ljus? Nähädu, inte här inte. Okej, halogenlampor har dock fått godkänt; de fungerar ju efter samma princip som glödlampor.

Men lampor som tar en minut på sig att lysa upp när man trycker på strömbrytaren, som ger onaturlig färgåtergivning, som sticker i ögonen, som tappar ljusstyrka med tiden? Nej tack, varför ska någon EU-byråkrat och inte jag bestämma över vad jag skruvar in i mina E14- och E27-socklar? Förvisso har energisparlamporna blivit lite bättre med åren, men 2011 när förbudet infördes, var det illa. Och 2018 ligger de fortfarande en bra bit efter gemytligheten i ljuset från en hederlig glödtråd.

Jag förstår naturligtvis argumentet om energibesparing bakom glödlampsförbudet. Besparingen uppgår ju trots allt till drygt 1% av Sveriges elförbrukning, och det är ju inte fy skam. (Den besparingen är sannolikt större än den besparing som en annan obskyr EU-regel påstås ge, den som säger att baklyktorna på en bil inte behöver vara tända dagtid, med motiveringen att man då spar energi.)

Men om man nu ska bränna mindre el i belysningsväg, låt mig då lite spontant komma med några förslag där EU skulle kunna lägga näsan i blöt:

☐ Släck belysningen på E4:an på landsbygden mellan Södertälje och Stockholm.

☐ Förbjud kommuner och fastighetsägare att installera belysning som grävs ner i backen och som lyser rakt upp i himlen (och kanske lite på någon trädstam).

☐ Släck varannan gatlykta nattetid vardagar klockan 01-05. Lite googling och överslagsräkning ger att bara det skulle spara sisådär 100 miljoner kilowattimmar per år.

☐ Reducera ljusstyrkan på de där kommunala "informationstavlorna" som växer upp längs motorvägarna. Ni vet de där som talar om att Charlotte Perelli ska sjunga och The Squealing Pigs ska framträda på yxkastnings-SM i Mörtlösa nästa sommar. (De är dessutom trafikfarliga. Skyltarna alltså. Perelli kan jag inte säga något om.)

Och nu läser jag på energimyndighetens sida att vissa halogenlampor ska förbjudas under 2018. Dags att hamstra igen, tydligen.

Faktura

I somras råkade färden gå på riksväg 50, och då körde vi över bron med vägtull i Motala. Framåt hösten damp en pappersfaktura ner i brevlådan från Transportstyrelsen. Fem (5) kronor löd beloppet på.

Naturligtvis börjar man undra över ekonomin i att skriva ut, kuvertera och posta en faktura på fem (5) kronor. På sin hemsida uppger Transportstyrelsen dock att kostnaden för tryckning, kuvertering och porto för en pappersfaktura är ca 2,20 kr. Så okej, de går lite plus även på min faktura.

Hemsidan uppger också de att de skickar ut cirka 750 000 pappersfakturor i månaden. Antag nu att 10% av dessa är så små att de kunde ackumuleras till t.ex. en årsvis faktura. Det skulle ge en besparing på ca 2 miljoner per år.

Inte så mycket kanske, men man skulle ju kunna använda de pengarna till t.ex. en utbildningsdag. Med tanke på den s.k. IT-skandalen på Transportstyrelsen kanske en endagskurs i grundläggande juridik, innehållande fundamenta som t.ex. att lagen gäller även myndighetens generaldirektör, kunde vara en bra investering. En juridikprofessor och en konferenslokal borde väl 2 miljoner räcka till?

Å andra sidan läser jag i en artikel på SVT:s hemsida att personal- och systemkostnader för vägtullen på just

Motalabron kostar sex kronor per passage och att faktureringen kostar fyra kronor. Kostnaden för broturen är alltså tio kronor, men jag betalar bara fem. Vi sporadiska utsocknes broåkare utgör enligt artikeln en förlustaffär som lokalpendlarna får stå för. Jag ber min kära författarkusin, bosatt i Motala, om ursäkt. Det var inte meningen att du skulle behöva pröjsa hälften!

Tillbaka till fakturan. Det gäller att betala den i tid, annars hotar en förseningsavgift på 300 kr. Hur det kommer sig att staten kan ta en sådan hög avgift medan vi medborgare bara får utkräva varandra på högst 180 kr i avgift enligt 4§ *Lag (1981:739) om ersättning för inkassokostnader m.m.* överlåter jag åt någon jurist att reda ut.

Man bör också se till att betala fakturan en och endast en gång. Skulle man råka betala den två gånger får man väl en utbetalningsavi på fem kronor i brevlådan. Och sådana kostar 30 kronor att lösa ut.

Lösenord

Jag har en god och musikalisk vän som ibland är lite glömsk. Det hände sig en dag att han skulle ta fram sin trumpet ur väskan där det blänkande blåsinstrumentet förvarades. Det var bara det att han hade glömt koden till trumpetväskan. Väskan var nämligen låst med två stycken kodlås à tre siffror var, sådana där som brukar finnas på resväskor och portföljer.

Min vän försökte och försökte minnas vilka sex siffror som kunde utgöra koden. Förgäves.

En gemensam vän till oss råkade befinna sig i samma rum. Han är en fingerfärdig fixartyp, en riktig hejare på att hitta lösningar på allsköns problem. Hans tumme sitter definitivt där den ska, långt från mitten av handen, om vi säger så. Trollkarl är han också.

Med lust kastade sig vår vän trollkarlen över låset. Det här skulle han fixa; han visste ju hur sådana här lås var konstruerade. Han vred på siffrorna, lyssnade, kikade. Vi tittade på nyfiket. Han vred igen, lyssnade, petade, kikade. Förgäves.

När både trumpetägaren och trollkarlen hade gett upp bad jag att få väskan. Jag förmodar att de inte hade några höga förväntningar på att en mjukvaruingenjör skulle kunna lösa detta hårdvaruproblem. Men vad de inte visste var att denna mjukvaruingenjör har några högskolepoäng i datorsäkerhet, och därmed en liten glimt in i en mycket smal nisch av mänsklig psykologi. Därför rattade jag in de första sex siffrorna av min trumpetspelande väns personnummer: 760 703 och fällde upp locket. "Varsågod", sade jag.

Pappa vill inte ha fler pappamånader

Till dig som blir provocerad av detta kapitel har jag dåliga nyheter: Detta bokmedium har inga kommentarsfält där du skulle kunna skälla på eller nättrolla mig. Otur för dig, tur för mig. Å andra sidan är vår samtid välutrustad med allsköns plattformar där envar kan höja sin röst, så du kan säkert hitta en kanal där du kan ge uttryck för din frustration i så fall. Fast kanalerna är så många så jag kommer sannolikt inte att läsa det. Otur för dig, tur för mig.

Några politiska partier, i synnerhet de på den vänstra planhalvan, vill införa individualiserad föräldraförsäkring, med ingen eller begränsad möjlighet att överlåta dagar till den andra föräldern.

Trams! Jag har visserligen en mycket oklar idé om vem som ska få min röst vid nästa val (och jag går därvid från oklarhet till oklarhet vart fjärde år; eventuell ackumulerad livsvisdom ger dessvärre allt mindre vägledning vid valurnan), men de partier som vill detaljreglera hur föräldrar ska disponera föräldraledigheten har sumpat sina chanser att få min röst.

Så länge ni betror folk att (nästan) fritt få hälla alkohol ner i sina strupar och sina föräldraskap, men inte betror dem föräldrapenningens fördelning, då har ni inget att säga till om hos mig.

Så länge ni inte inför maxtak på mängden våldsskildringar minderåriga får inta, och inte inför kvotering mellan effektiv lärarledd undervisning och ineffektiv iPad-baserad undervisning i mina barns skola, då kan ni allt nöja er med att klia er själva med era kvoteringsklor.

Jag menar inte att allt ovan nödvändigtvis kan eller bör regleras. Jag menar bara att regleringsförespråkarna borde spotta ur kamelerna de svalde medan de silade myggen.

Och om du nu är provocerad, kippar efter andan och famlar efter tangentbordet för att brännmärka mig som ärke-patriark, fast i stenåldrigt könsrollstänk, gillrandes kvinno-fällor (som vissa kallar dagens system), då ska jag stillsamt upplysa dig om att med vårt första barn tog jag ut 275 föräldrapenningdagar, hustrun 205. Med vårt andra barn har jag (hittills) tagit ut 245, hustrun 126. Låt mig också tillägga att jag har något högre inkomst än hustrun, så det är inga ekonomiska överväganden som lurar i vassen. Jag är alltså själva antitesen till den förlegade fadersfigur du vill bränna på bål. Otur för dig, tur för mig.

Siffrorna ovan betyder inte att hustrun varit mindre med barnen; de säger bara att reglerna om sjukpenninggrundande inkomst och föräldrapenning i kombination med möjligheten att överlåta dagar gett oss föräldrar mer tid med barnen. En individualiserad föräldraförsäkring hade i vårt fall medfört att vi fått *mindre* tid med våra barn. Vilket synes mig gå tvärs emot ambitionen att "öka barnens rätt till sina föräldrar" (S) eller "ge barn en bättre relation till båda sina föräldrar" (V) som individualiseringsförslagen bl.a. motiveras med. Jag som pappa hade också fått mindre tid med barnen, vilket är en paradoxal bieffekt eftersom det brukar klagas på att papporna är för lite med sina barn.

På den högra planhalvan finns det också några predikanter som jag fnyser åt. Den borgerliga tankesmedjan Timbro vill förkorta "den evinnerligt långa ledigheten", och gnyr över att den kostar drygt 30 miljarder om året. 30 miljarder kronor motsvarar ungefär en sjundedel av vad staten drar in i kapitalskatt, om ni vill ha något att jämföra med. Men nu hör jag till den grupp människor som anser att tillvaron är mer än BNP och konkurrenskraft, och då blir jag mest bara trött på sådant kverulerande om kronor.

Paradoxalt nog verkar både Timbro och de rödgröna sjunga samma mammons lovsång, om än i olika stämmor. Sjöstedt sjunger i sopran om "negativa effekter på kvinnors löneutveckling", Löfvén klämmer in i altstämman med att sossarna "har ett mål som är viktigare än alla andra: Till år 2020 ska Sverige öka antalet personer som arbetar och antalet arbetade timmar i ekonomin", medan tenoren Fridolin doar om att "stärka kvinnors position på arbetsmarknaden". Basstämman från Timbro har vi redan hört.

Till den kören vill jag säga: Er låt suger. Det finns mer i tillvaron än $, £, € och kr. Om ni vågar betro oss medborgare att själva få bestämma hur vi fördelar lönekuvertets innehåll på socker, alkohol, cigg, broccoli, bungyjump, böcker, Netflix och annat, vad är då problemet med att betro två vuxna människor ansvaret att själva få bestämma hur 480 dagar föräldrapenning ska fördelas?

Citaten är hämtade från nämnda organisationers/partiers hemsidor och vad de säger om föräldraförsäkringen, samt material som länkats därifrån, så som jag fann dem i min research februari 2018.

Definitioner

Det pågår ett arbete med att omdefiniera vad som egentligen är ett kilogram. Ett kilogram har hittills definierats av en metallklump, bestående av platina och iridium, som finns i Paris. Men nu överväger man att överge metallklumpen, och definiera kilogrammet matematiskt-teoretiskt med hjälp av Plancks konstant.

Vilken kilodefinitionen nu än är så kvittar det väl för oss vanliga dödliga – ett enkilos yoghurtpaket innehåller fortfarande ett kilo yoghurt. (Jasså, du har inte noterat att mejerierna inte säljer yoghurt per liter längre, utan per kilo?)

Finliret med kilogramdefinitionen i all ära, men det finns ju en mängd andra vardagsmått som skulle behöva kvantifieras och definieras med precision. Här är några sådana enheter, som härmed överlämnas åt vetenskapsmännen att sätta tänderna i.

FLACKTID. Den tid då man inte vet var man ska fästa sin blick när man går i en lång korridor, mätt från den tidpunkt du ser att du strax möter en kollega som kommer gående mot dig i korridoren, till den tidpunkt då det är lagom att säga 'hej' i professionellt tonläge.

RIBBING. Avståndsmått mellan två personer som är i färd med att gå in genom samma dörr. Om person A, när hen går in genom dörren, ser en person B efter sig som också ska in, då skall A stanna och hålla upp dörren för B om avståndet till B är högst 3 ribbingar. Om A inte gör detta anses hen vara en tölp. Om B ser att A håller upp dörren, och avståndet är 2-4 ribbingar, då skall B skynda sig något, för att inte anses vara en tölp i sin tur.

STALK-KOEFFICIENT. Den relativa hastighetsskillnaden mellan en ensam man som går bakom en ensam kvinna utomhus, och som gör att mannen börjar undra om kvinnan är rädd för att han ska överfalla henne när han hinner ikapp/förbi henne.

GPB-INDEX. Googlingar per Bokmärke-index. Förhållandet mellan antal gånger du googlar upp samma sida i stället för att använda bokmärket du sparat till den sidan. Till skillnad från börsindex har GPB-index enbart gått upp under alla år.

RÖDTID. Den meningslösa tid då trafikljusen lyser rött åt alla håll, innan det slår om till grönt för någon. Rödtid förekommer också efter att ett tåg passerat en järnvägskorsning innan bommarna fälls upp, samt när tvättmaskinen stannat och innan luckan går att öppna.

SUCKFIX. De sista siffrorna du slängt på ditt lösenord, och som du räknar upp ett snäpp varje gång ett datasystem tycker att det är dags att byta lösenord, trots att det är vetenskapligt bevisat att sådana påtvingade lösenordsbyten inte höjer datasäkerheten. Det vore synnerligen intressant att forska fram max- och medelvärden på suckfix. Forskarna skulle också kunna pröva min hypotes om att ens nuvarande suckfix-värde dividerat med fyra avslöjar hur många år man varit registrerad användare av datasystemet i fråga.

SURMÅTT. Den mängd vatten som blöter ner dina kläder, räknat från när vattenstrålen träffar skeden i diskhon till när du lyckats stänga av kranen.

SURTUR. Sannolikheten att a) skedens konkava del är vänd uppåt, och b) att skeden ligger i diskhon precis under vattenkranen. Surtur-sannolikheten har empiriskt visat sig vara mycket högre än den rent teoretiskt kan vara.

Dubbla budskap

En gång i månaden får vi hem en matglad tidning från ICA. Och ungefär två dagar senare får vi dito från Coop. (Eller om det är i omvänd ordning.) Och när man rivit bort den tunna plasten runt försändelsen trillar det ut ett erbjudande om att ta ett lån. Man kan låna till semestern, till renoveringen eller till vad som helst.

Samtidigt lägger riksbankschefen pannan i djupa veck och beklagar sig över svenskarnas överbelåning. Ekonomerna har räknat ut att i genomsnitt har ett svenskt hushåll skulder som motsvarar 200% av den disponibla inkomsten. Det betyder att man skulle behöva skicka varenda krona som trillar in i lönekuvertet direkt till banken under två år för att bli av med skulden. (Men glädjen av att bli skuldfri med en sådan kur skulle man ju aldrig få erfara – man skulle ju dö av svält eftersom man inte har några pengar att köpa mat för.)

Finansinspektionen ser riksbankschefens bekymrade min, och inför amorteringskrav och belåningstak. Allt medan låneerbjudandena fortsätter strömma ner i brevlådan i en aldrig sinande ström. Snacka om dubbla budskap.

Ett stort rött arbetarparti talar gärna om fördelningspolitik, och hur de vill skapa ekonomisk jämställdhet. Likt Robin Hood vill de ta från de rika och ge till de fattiga, även om de inte uttrycker det exakt så. Men samma parti finansierar sin verksamhet till en betydande del genom att sälja lotter. Men ett lotteri är ju inget annat än omvänd fördelningspolitik: Man tar från många för att göra några få rika. Snacka om dubbla budskap!

Nätkasinon är också mästare på dubbla budskap. Dessa allestädes närvarande penningvampyrer vars reklam inleder varenda youtube-video man klickar igång, och vars reklam ofta syns högst upp på tidningarnas hemsidor eller i busskurerna! En lovar pengar på bankkontot inom fem minuter. En annan lovar pengarna tillbaka om man inte vinner inom en månad (Jag antar att om man satsar 200 kronor och vinner en krona, så anses man vara en vinnare; någon återbäring av de 199 förlorade kronorna lär man väl inte få.) En tredje lovar att typ fyrdubbla första insatsen helt gratis. Hmmm, varför behöver då dessa ymnighetshorn garderas med finstilt text om 18-årsgräns och ansvarsfullt spelande och en massa andra villkor?

Som ett barn av denna tidsanda gör jag därför också mitt bästa för att fylla marknadsekonomin med dubbla budskap. Jag har gått med i både ICAs och Coops lojalitetsprogram. Och de veckor CityGross erbjuder 10% rabatt på ett helt köp vänsterprasslar jag där. Jag har något slags medlemskap både hos Elgiganten och NetOnNet. Jag har "frequent flyer"-kort hos minst tre olika flygbolag (trots att jag inte ens är en frekvent flygare). Jag handlar böcker på både Bokus och Adlibris. Jag har medlemskap i SJ Prio trots att jag åker tåg i stort sett aldrig nuförtiden. Jag går med i nätbutikens medlemsprogram för att få en välkomstbonus, varefter jag genast avprenumererar deras mailutskick... The show must go on!

En liten planet

När man ger sig ut på en resa brukar man ofta råka träffa på någon man känner, eller åtminstone någon man känner till. Det kan vara en bekant, en gammal klasskamrat, en släkting eller åtminstone någon man känner igen från jobbet.

Jag har råkat ut för flera sådana slumpmässiga sammanträffanden på vår lilla planet. Man är på en camping på Öland, och träffar på fruns syssling med familj. Man blir tilltalad av en dam på en strand i Elfenbenskusten, och det visar sig att damen är bekant med mina föräldrar. På ett hotell i Egypten stöter man ihop med en gammal skolkamrat som också bor på samma hotell. På parkeringen i Ånnaboda hejar man på en kollega. På en landsväg utanför Åbo ser man plötsligt i backspegeln att bakom oss kör min barndomskamrat med familj. Man hamnar på samma flyg från Bamako till Abidjan som en kollega. Eller man kliver på pendeltåget till Märsta sent en kväll, i oväntat sällskap med en bekant från Linköping. I den flertusenhövdade publiken i en amerikansk megakyrka får man plötsligt syn på en bekant från Sverige. I vimlet på Stockholms Central snubblar man på en gymnasiekompis man inte träffat på tjugo år. Trettio mil hemifrån, vid en liten värmländsk badsjö som inte ens har ett eget namn på kartan, stöter man ihop med sonens fotbollsträningskompis. Och så vidare.

Nyligen tillbringade vi några sportlovsdagar i skidbacken i Romme. Till min förvåning såg vi inte ett enda bekant ansikte vare sig på hotellet eller i skidbacken. På hemvägen blir vår sista anhalt Max i Örebro där vi trycker i oss hamburgare. När hamburgarna är nästan uppätna börjar jag tala med hustrun om just detta märkliga med att vi inte har stött på en enda människa som ens skulle vara vagt bekant.

Orden har knappt lämnat mina läppar när en medelålders man kliver in i restaurangen. Jag känner igen honom. Vi jobbar på samma ställe.

Öppet brev till nästa terrorist

~~Käre terrorist!~~

Nej, du är mig inte det minsta kär. Stryk det.

~~Bäste terrorist!~~

Stryk det också. Jag hoppas verkligen inte att du är någon bra, än mindre "bäste" terrorist. Jag hoppas du misslyckas riktigt kapitalt i din bana som terrorist.

~~Hej!~~

Näe, inte kan man vara tjena och du med en som vill fylla min kropp med småspik och metallskrot från någon hemslöjdad bomb, eller köra över mig med en lastbil.

Till dig som är eller tänker bli terrorist, till er som sponsrar och stöder sådan verksamhet:

Jag förstår att du söker maximal exponering för det fega dåd du planerar. Du vill ta ett antal människor av daga under spektakulära förhållanden, och du vill att det ska synas och göra avtryck. Jag förstår att den mediala exponeringen är viktig för dig. Ju mer det skrivs och filmas och livesänds och twittras och kommenteras och analyseras, desto bättre för dig.

Sannolikheten att jag överlever ditt nidingsdåd är väldigt hög. I Västeuropa dör ungefär 100-150 personer per år i terrordåd. Det är ungefär lika många som dör av fallande kokosnötter i världen varje år. Och det är fler som dör av att ramla ner från stolen eller sängen – bara i Sverige. Statistiskt är det alltså en ytterst låg sannolikhet för att jag stryker med i ditt dåd.

Eftersom jag med största sannolikhet överlever ditt dåd dristar jag mig till att tala om för dig vad jag tänker göra efter ditt dåd: Jag tänker ignorera det i möjligaste mån.

Jag tänker inte följa liverapporteringen; i stället ska jag sätta på en bra låt på Spotify. Jag ska slå om från nyheterna i P1 till klassisk musik i P2. Jag kanske skummar igenom rubriken och ingressen i morgontidningen, men sedan bläddrar jag vidare till något annat. Serierna kanske. Eller korsordet, om det är på en helg. Jag är aldrig inloggad på mitt twitterkonto, och jag tänker inte logga in för din skull heller. Jag tänker inte lägga ditt namn på minnet, och jag struntar i vilken ideologi eller religion (om någon) som driver dig. Jag tänker inte konvertera, varken politiskt eller religiöst, om det var det du ville. Jag tänker inte ens delta i någon kärleksdemonstration efteråt, ifall någon skulle få för sig att arrangera en sådan.

Jag tänker helt enkelt ignorera dig och fortsätta leva mitt liv. Du vill kanske skapa rädsla och oreda i mitt liv, men jag bestämmer att det får du inte.

Och jag hoppas att vi är många som gör likadant. Ju mindre uppmärksamhet du får, desto mindre motiverande för dig. Jag tror inte att marknadsekonomi löser alla problem, men i just detta fall tror jag att det faktiskt är en simpel fråga om tillgång och efterfrågan på terrornyheter.

Med önskan om att du kommer på bättre tankar!

PS: Detta är ju ett öppet brev, så till alla er journalister, utgivare, redaktörer, publishers, influencers, eller vad ni nu än kallar er, vill jag säga följande. Nästa gång det smäller (för det lär det göra): Rapportera ska ni göra, för det är er uppgift. Men det räcker med en liten notis längst ner på sidan 14, eller en liten kortnyhet precis innan det är dags för reklamen.

En dag i helvetet

Helvetet brukar konventionellt föreställas som en plats med eld som sprakar i evigheters evighet. Nu tror jag visserligen inte på något evigt brinnande helvete, men om jag skulle göra det, då tror jag att jag skulle trivas ganska bra i det konventionella helvetet.

Jag gillar nämligen värme, och jag älskar att sitta och glo i lågorna som slår ut från en glödhög. Att röklukten sitter i kläderna flera dagar efteråt tycker jag mest är mysigt. Och eftersom jag har en introvert personlighet skulle jag nog småtrivas med att bara få sitta och kontemplera min inre värld på en varm plats med mycket glöd.

Nej, vill du straffa mig i helvetet, då bör du överge tanken om eld och svavel och lågor och treuddar. För mig skulle en dag i helvetet kunna se ut så här.

Väck mig på ett motell i USA, och tvinga mig att inta en amerikansk version av "continental breakfast", dvs sockerglaserade donuts i pappkartong i hörnet tillsammans med ljusbrunt "kaffe". Gärna i ett rum med lysrörsbelysning, heltäckningsmatta och en brummande luftkonditionering på max.

Sätt mig därefter på ett nattflyg till Sverige. Jag kan visserligen inte sova på flygplan, men för säkerhets skull kan du placera några pratglada individer på stolsraden bakom mig.

Väl framme i Sverige ska du ta mig till ICA Maxi och ge mig en lång inköpslista. Men innan du gör det ska du fylla varuhuset med pensionärspar som har all tid i världen, så det blir gott om gubbar som står mitt i gången medan deras gummor scoutar runt bland hyllorna och jämför jämförpriser. Släng för säkerhets skull in en bunt utsocknes semesterfirare som irrar runt, letandes efter pulverkaffe, frukostflingor och diskmedel.

Innan jag kommer fram till kassan, glöm inte att programmera datasystemet så jag tvingas göra en fullständig avstämning vid självscanningsutcheckningen.

Därefter ska du skicka in mig i ett otal klädaffärer för att köpa kläder till mig själv och övriga familjen. Expediterna får gärna vara av den påflugna typen som genast ska hjälpa denne stilagnostiker. Vägen mellan affärerna kan du befolka med några käcka ungdomar med bakåtkammat hår, som vill göra någon undersökning eller kränga mobilabonnemang.

När så shoppandet är slut kan du skicka mig på utvecklingssamtal där chefen och jag ska krysta fram några personliga mål för året (fast det redan är mars månad, semestern är snart i antågande, och årets mål ska utvärderas framåt oktober, så att hela målprocessen kan bli färdig till årsslutet). Efter utvecklingssamtalet passar det bra att skicka mig på kick-off, där någon mellanchef pratar oengagerat om aktieägarvärde, EBITDA och strategi.

Kick-offen ska naturligtvis avrundas med en övning där vi skriver post-it-lappar, som sedan ska summeras gruppvis, och varje grupp ska redovisa för de andra grupperna. Resultatet av post-it-grupparbetet ska sedan på vanligt manér glömmas bort och arkiveras i det runda arkivet, så att det inte riskerar att åsamka någon förändring på arbetsplatsen.

Efter kick-offen ska middag serveras i en stor lokal utan ljuddämpning. Middagen ska bestå av generöst tilltagna mängder krabba, räkor, svamp och selleri. Potatisen ska vara nästan färdigkokt i nästan saltat vatten. Dämpa belysningen, höj musiken, tvinga mig att mellan tuggorna/kväljningarna försöka höra vad de andra pratar om. Och se till att de pratar om bilar, TV-serier, datorspel eller mode.

Efter middagen ska du se till att det är dans, och skicka någon överförfriskad människa på mig som envisas med att försöka få mig att spattigt koordinera mina extremiteter i takt med musiken (som du skruvat upp volymen på ännu mer nu).

När du till slut släpper ut mig ur festlokalen in i mitt sovrum ska du se till att jag får en mjuk hotellsäng med ett täcke som är alldeles för tjock och varm för mig, så jag inte kan sova på grund av svetten. Se också till att det finns en glipa i fönstergardinen så den orangefärgade gatulampan utanför kan lysa mig exakt rakt i ansiktet.

I rummet ska du också installera en hederlig gammaldags klocka som ljudligt tickar fram sekund för sekund. Vill du jävlas extra mycket kan du se till att klockan plingar fram klockslaget varje hel timme.

Se där, så skulle också en dag i helvetet kunna se ut!

Det magiska rummet

Vi som bor i bostadsrätt (eller hyresrätt, för den delen) har förmånen av att ha ett Magiskt Rum i föreningen. Det är ett rum dit man ställer förbrukade artiklar, och som på magiskt vis försvinner. I vår förening kallas det magiska rummet för Slängan, men ofta betecknas sådana rum med det mer positivistiska "Återvinningsrum". (I mina surmulna stunder tänker jag att den enda åter-vinnaren i sammanhanget är kommunen som *först* tar betalt för att hämta soporna, och *sedan* säljer mina sopor tillbaka till mig i form av fjärrvärme. Där kan man känna sig uppskörtad två gånger om!)

Jag kallar det för Magiska Rummet, inte för att jag själv tillskriver rummet några magiska egenskaper, men för att jag har grannar som uppenbarligen gör det. Somliga verkar nämligen tro att allt man ställer in i ett sådant rum försvinner hokus pokus.

Det kan, som t.ex. vid mitt besök i Magiska Rummet för en tid sedan, vara en matta som dumpats bredvid kärlet för plastförpackningar. Grannen tror kanske att mattan börjar flyga om man ställer in den i det Magiska Rummet. (Det gör den inte. Mattan låg kvar orörd senast jag besökte Magiska Rummet.)

Lite erkännande för innovation förtjänar dock hen som hade ställt ett vitt runt kvastskaft i lådan för gamla lysrör; en viss yttre likhet fanns ju onekligen. Någon medalj för kreativt tänkande får däremot inte den som hoppades att deras gamla brödrost skulle se ut som en i gänget i hinken med gamla glödlampor. Det samma gäller hen som försökte få sitt gamla diskställ att se ut som en öppnad konservburk i tunnan för metallförpackningar.

Det var också i Magiska Rummet som jag insåg att storken tydligen har moderniserat förpackningen i vilket småttingen levereras till sina föräldrar. I behållaren för begagnade plastförpackningar skådade jag nämligen häromdagen en plastförpackning som var intill förväxling lik en babybadbalja.

Jag måste dock erkänna att jag vid enstaka tillfällen hoppats på rummets magiska egenskaper. En och annan trasig blomkruka har åkt ner bland det brännbara, och någon metallgrunka kanske åkte ner bland metallförpackningarna utan att vara förpackning. Jag skyller det på att jag i ett ögonblick av miljömässig klarsyn vägrade producera 3 kilo koldioxid med min Volvo bara för skjutsa mina 300 gram trasig blomkruka till återvinningscentralen.

Men ungefär där går min gräns för tron på Magiska Rummet. Jag är för mycket skeptiker för att tro att min gamla bokhylla skulle magiskt förvandlas till en pappkartong om jag lade ner den i behållaren för pappersförpackningar. Somligas tro på magi är tydligen stark.

Business Class

När man kliver ombord på ett flygplan som ska ta en till en annan kontinent passerar man det fina folket i business class. Pösmunkarna har precis installerat sig i sina säten med extra ben- och armbågsutrymme när man själv passerar på väg till sin plats 32F långt bakom skynket, och det är inte utan att man blir en smula avundsjuk på dem.

Jag har rest mellan kontinenter ett antal gånger, men dessvärre har antingen min egen plånbok varit för tunn eller arbetsgivarens resepolicy för kostnadsmedveten. Därför har det alltid blivit en flygklass, som på boardingkortet har fått sig en bokstav långt bak i alfabetet.

Jo, en gång lade jag ut ett par tusenlappar extra för att familjen skulle få det lite bekvämare på 12-timmars charterflighten till Thailand, men det kvalificerar knappast som business class; begreppen 'charter' och 'business class' torde vara en *contradiction in terms*, som de säger på engelska. (Det enda tillfället då dessa begrepp möjligen kan samexistera är om det chartrade flygplanet är relativt litet, och passageraren heter Ibrahimovic, Löfvén, Macron, Gates eller något sådant i efternamn.)

En handfull gånger har jag dock åkt business class, men då har det varit till mer närliggande resmål. En gång flög hustrun och jag business class från Arlanda till Ålesund i

Norge; längre än så kom vi inte med mina Eurobonuspoäng. Något extra benutrymme på planet fick vi dock inte, och inte heller hade de något skynke. Placering långt fram i planet, och ett snabbt depåstopp i loungen på Arlanda innan avfärd var de enda, knappt förnimbara, spåren av att vi flög finklass.

En gång har jag dock haft glädje av att flyga business class. Det var på en flygning till Paris. Någonstans ovanför Holland började jag känna ett behov av att lätta på blåsan, men jag tänkte att jag väntar tills vi landat i Paris. Att färdas i business class medför nämligen ingen som helst lyx vad gäller hygienfaciliteterna ombord, utan behöver man lätta på trycket är det ju samma förkrympta flygande bajamaja som gäller, oavsett om man sitter framför eller bakom skynket.

Så där sitter jag en mil upp i luften med Alperna på min vänstra sida, Nordsjön på min högra sida, och ett säkerhetsbälte över höften. Blåsan börjar göra sig alltmer påmind. Kaptenen har dessutom slagit på "fasten seatbelt"-skylten, och som den proffsresenär jag försöker vara där i business class tänker jag naturligtvis inte ådra mig flygvärdinnans onda öga genom att klicka loss bältet. Dessutom är vi ju framme snart.

Någonstans över nordöstra Frankrike börjar jag ångra den där muggen med flygplanskaffe jag drack i luftrummet ovanför Danmark, för kaffet vill också göra sorti. Men "fasten seatbelt" lyser envist, vi är på väg neråt, så snart, mycket snart, är vi framme.

Vi går igenom de förberedande procedurerna för landning, men vi landar inte. Tydligen är det mycket trafik på *Aéroport Charles de Gaulle*, så vi ligger och kör varv efter varv i vänteläge. Jag hinner se Eiffeltornet genom flygplansfönstret flera gånger, men i just den stunden hade jag mycket hellre beskådat vilken *urinoir français* som helst.

Äntligen går vi in för landning, och min sprängfyllda blåsa upptar en stor del av min hjärnkapacitet när hjulen nuddar marken. Vi taxar in – och blir stående på plattan i väntan på en ledig gate. Vid det här laget har jag tvinnat mina ben runt varandra två eller tre varv. "Fasten seatbelt" lyser, och flygvärdinnan har strängt uppmanat oss att sitta kvar tills vi stannat vid gaten.

Till slut får vi kliva av. Från min framskjutna plats i business class rusar jag som förste passagerare av planet, väser ett förhoppningsvis någorlunda vänligt *au revoir* till flygvärdinnan vid flygplansdörren, och försvinner in på närmsta *toilette* på fransk mark.

Köteknik

Jag älskar vår nordiska förmåga att stå i kö. I ordnade rader står vi under rätt skylt, utan att försöka armbåga eller fuska oss till förtur. Eller så sitter vi med nummerlappen i vår svettiga näve, strikt respekterande matematikens additiva regel som säger att efter nr 218 kommer nr 219.

De enda som möjligen gör våld på detta system är de individer som tar en nummerlapp, bara för att en stund senare komma på att de inte vill vara kvar i kön. I en fullständigt ogenomtänkt akt av vad de tror är generositet lägger de därför sin nummerlapp ovanpå nummerlappsautomaten. Inser de inte att denna till synes vänliga gest i själva verket är ett angrepp på själva fundamentet i nummerlappssystemet? Förstår de inte att denna "generositet" är som att först slicka på en pinnglass, och sedan ge den slickade pinnglassen till sin bordsgranne och förvänta sig att bordsgrannen ska bli överlycklig av denna givmildhet?

Men bortsett från det är vi nordbor duktiga på att köa. Ibland så duktiga att vi helt slutat tänka.

Jag hade varit på charterresa och landade i Landvetter, och kom fram till passkontrollen. Ovanför två av de öppna passkontrollerna fanns en blå skylt med EU-flaggan och texten "Endast EU-medborgare". Köerna till dessa två passkontroller var ganska långa.

Till höger om de två kontrollerna fanns en tredje passkontroll. "Alla nationaliteter" stod det på skylten ovanför den. Det satt en passkontrollant i luckan, men ingen kö.

Jag stegade fram till den tredje kontrollen, halade fram mitt svenska EU-pass och frågade med hög röst: "Det går väl att komma in i Sverige här också?". "Jo visst" svarade passkontrollanten, glad över att få ett pass att bläddra i.

Swooosh, sade det bakom mig, och snabbt förflyttade sig en tredjedel av folket i EU-köerna till "min" kö, när de insåg det självklara i att Sverige inte bara är en nation i EU, utan också en nation i världen. Och själv klev jag in i Svea Rike, inte helt utan självbelåtenhet med att ha överlistat jantekön på fullständigt hederligt vis.

Så organiserat fungerar det dock inte i alla länder. En kompis och jag hade tagit morgonflyget från Accra i Ghana till Abidjan i grannlandet Elfenbenskusten, en flygtur på ganska exakt en timme. I ankomsthallen väntade vårt sällskap, och vi hade bestämt att vi skulle allihop genast ut till beachen.

Strax innan vårt Accra-flyg landade hade ett Air Nigeria-plan från Lagos landat. Här måste jag nog upplysa läsaren om att ett Air Nigeria-plan från Lagos i Västafrika betydde kaos i tullen. Åtminstone var det så på 1980-talets slut när detta hände. Ett Air Nigeria-plan från Lagos innehöll nämligen inte bara mörkhyade afrikanska affärsmän i bländande vita skjortor med slips, utan också färgglatt klädda storvuxna kvinnor med bagage som överskred alla kända viktgränser som flygbolagen satt upp. Jag vet inte vad allt det bagaget innehöll, men man kunde misstänka att allt inte var enbart för personligt bruk, utan innehöll även varor som de gjorde business med.

Så där står jag och min kompis i kön till tullen på flygplatsen i Abidjan, med vårt minimala bagage. Framför oss en lång rad färgglatt klädda *mamas*, vars generöst tilltagna byster och stussar endast överträffades av deras än mer generöst tilltagna mängder bagage som högljutt skulle tullas in.

Att stå där och köa i en svettig flygplatsbyggnad kändes betydligt mindre lockande än att få komma ut till beachen och kasta sig i den tropikvarma Atlanten. Jag hade också lärt mig att den nordiska kölogiken sällan gäller söder om Alperna, så det var liksom ingen större mening med att lilla jag skulle framhärda med nordisk kölogik.

Jag instruerade därför min kompis vad vi skulle göra. På vänster sida var tullkontrollen, och på höger sida en betongvägg. De färgglatt klädda nigerianska kvinnorna syntes utgöra en effektiv mur mellan betongväggen och de khakiklädda tulltjänstemännen. Vi pressade oss helt enkelt förbi tullen, mellan väggen och damerna. Tulltjänstemännen ropade åt oss, men den nigerianska byst- och stussmuren var kompakt, och snart svalkade vi oss otullade i Atlantens böljor.

Känd från TV

Jag hamnade i ett sällskap där man tittade på en TV-utsändning av finalen i SEF Trophy, där ungdomslag från AIK och HIF spelade om pokalen. Nu var det inte vårt enorma fotbollsintresse som lockade oss att se på matchen, utan det faktum att en av AIK:s spelare var systerson till en i sällskapet.

Det dröjde inte länge förrän jag försökte förklara för barnen att han där i tröja nummer 5 minsann var deras kusins kusins kusin. (Helt sant, ty mostern till spelaren i fråga är ingift släkt till oss.) Som om mina barn skulle bli lyckligare eller bättre människor av att ha någon slags relation till någon som syns på TV!

Det är något lätt löjligt med våra relationer till kändisar. Är det inte märkligt hur lätt vi inbillar oss att om bara några flagor av kändisskapets bladguld gnuggar av sig på oss, så framstår vi själva i ett finare skimmer? Som om jag skulle vara en lite viktigare medborgare bara för att jag har en facebook-vän som har halva regeringen som sina facebook-vänner.

Min personliga lista över nära kändis-upplevelser är ganska modest. Den toppas av att jag en gång gav Little Richard några pappershanddukar som jag sprungit in på toan och hämtat på hans anmodan. Tvåa på listan är att jag har bott en vecka hemma hos världsdirigenten Herbert Blomstedt i Schweiz. (Att maestron själv var bortrest just då behöver vi ju inte nämna.) Jag hör ju själv hur triviala de är, likväl är jag lite smånöjd med att få med dem i denna text.

Jag vill inte på något sätt förringa det slit och de uppoffringar kändisar gjort för att uppnå sitt status som kändisar. Somliga har slitit hårt och målmedvetet och förfinat sin talang till det yttersta. Det ska inte förringas. Andra har slitit hårt för att bete sig som svin i någon dokusåpa, och det ska heller inte förringas, för också det är en prestation jag inte skulle mäkta med.

Men ändå: kändisar är också dödliga människor, precis som alla vi andra. Även de drabbas av dammråttor, bortglömd möglig tomatsås i kylskåpet och kroppsfett på fel plats. Även de får ont när de slår tårna i bordsbenen, och även deras barn föredrar kakor framför quinoa. Även de behöver knipa för att inte fjärta i andras närhet. (Förmodligen är det sistnämnda ännu jobbigare för dem än för mig, för deras väderspänningar kan ju – till skillnad från mina – hamna på en löpsedel.)

Nej, tanken att ens egen värdighet är beroende av i vilken relation man står till någon man kan se i en ruta med rörliga bilder är löjlig. Man borde bli offentligen skampålad för att ens hysa tanken! Behöver man ett ankare för sitt eget värde är det nog klokare att ty sig till den bibliska tanken om att Gud skapade människan till sin egen avbild.

Asfaltskonspirationen

Ni får bokföra det på kontot för konspirationsteorier om ni vill, men är det inte så att mängden nygräddad svart asfalt som rullas ut på vägar, cykelbanor och trottoarer märkligt nog har en topp vart fjärde år, på sommaren före valet?

Till de politiker som eventuellt tror att min röst kan köpas för ett stycke kolsvart jämn asfalt, kanske pimpad med kontrastfullt blänkande vita linjer till, ska jag nu ge ett tips.

Jag uppskattar mycket den jämna fina asfalten ni i dagarna har belagt cykelbanan med, den cykelbana som jag dagligen använder till och från jobbet. Men det finns något som jag skulle uppskatta ännu mycket mer.

Innan Asfalteringsnämndens beslut verkställdes var nämligen Gropgrävningsnämndens verkställande utskott i farten och sågade och grävde bort asfalt på sisådär ett halvdussin ställen på min cykelbana. De ställde också ut orangea koner och målade neongröna markeringar på kanten mellan asfalt och grus, helt enligt gällande Förordningen för Asfaltskantsutmarkering 14 § 3:e stycket.

Gropgrävningsnämndens verkställande utskott var dock ovanligt sent ute, då detta sakernas tillstånd fick råda endast i ett par veckor. Min normala erfarenhet är nämligen att

Gropgrävningsnämnden vanligtvis ligger flera veckor, ibland månader, före Asfalteringsnämnden.

Jag är i sammanhanget också djupt imponerad av att Statens Asfaltskantstillsynsöverförmyndarinstitut tydligen också hann utföra sin tillsynsuppgift för att verifiera att kanten var tillräckligt hög och gruset tillräckligt mjukt för att åsamka mig och andra cyklister obehag vid övergången mellan dessa tvenne element.

Kära politiker, mitt modesta förslag är att Asfalteringsnämnden och Gropgrävningsnämnden slås ihop, så att planeringssynergier kan uppnås. Jag uppskattar orangea koner och neongrön färg, men jag skulle uppskatta ännu mer om gropens grävande och påföljande asfaltering skulle kunna fusioneras. (Ja, jag förstår att detta åsamkar regionalpolitiska dilemman då en bieffekt är att Statens Asfaltskantstillsynsöverförmyndarinstitut kan avvecklas. Men jag tror ni kan lösa det genom att utlokalisera "Nämnden för hemslöjdsfrågor", "Forskarskattnämnden", "Stipendiestiftelsen för studier av japanskt näringsliv" eller någon annan av de många esoteriska statliga myndigheter vi har!) Det parti som utlovar detta är utan tvekan en stark kandidat till min röst i kommunalvalet!

När jag ändå är inne på ämnet dristar jag mig också till att föreslå att även Väglinjemålningsämbetet slås ihop med de ovanstående nämnderna, för att uppnå ytterligare synergier. På ett annat ställe längs nämnda cykelväg var nämligen Väglinjemålningsämbetet ute i början på denna vecka och målade ett nytt övergångsställe. Blott tre dagar senare kom så Gropgrävningsnämndens verkställande utskott och sågade och grävde bort ett stycke asfalt så att endast en mindre del av det sprillans nya övergångsställlet återstår...

Trafikräkningsverket skulle också behöva fusioneras med de ovannämnda. Trafikräkningsverket har nämligen nyligen lagt ut sådana där svarta gummislangsmöjänger över flera nyasfalterade gator i staden för att räkna antalet bilar. Detta gjordes kort *innan* Väglinjemålningsämbetet skred till verket och målade mittlinjer på de nyasfalterade gatorna. Så om dina barn någon gång i framtiden frågar varför de heldragna mittlinjerna har små omålade hack här och där, kan du förklara varför. Förhoppningsvis kan du också berätta om hur galet det var förr i tiden innan man styrde upp Väglinjemålningsämbetet!

Påskhelgens alla dagar

Kring påskhelgen har många av dagarna särskilda namn, och det är nuförtiden många som inte känner till dem. Så i folkbildningens syfte kommer de här.

Dymmelonsdag

Skärtorsdag

Långfredag

Påskafton

Påskdagen

Annandag påsk

Andra påsklovsdagsafton

Andra påsklovsdagen

Annandag andra påsklovsdag

Fredag

Olycksetikett

Kära medmänniska!

Av senaste tidens massmedierapportering att döma finns det lite olika uppfattningar om hur man ska bete sig på en olycksplats. Jag skulle därför uppskatta om du kan läsa och fylla i nedanstående blankett, och förtydliga hur du vill att jag ska agera ifall **du** råkar ut för en olycka och jag råkar vara på plats.

Alternativ 1: Jag vill att du genast fiskar upp din smartfån och filmar hur mitt blod rinner ur det gapande såret i skallen. Ställ dig gärna nära så att du även får med ljudet av det som kanske är mina sista smärtsamma andetag i detta livet. Jag önskar också att du ska se till att få en riktigt bra och skarp bild av den där benpipan som sticker ut ur min kropp i en onaturlig vinkel. Jag ger också mitt medgivande till att du får skicka bilderna till kvällspressen, och/eller posta det på FB/Instagram/whatever. Vidare ger jag härmed mitt samtycke till att det är viktigare att du får bra bilder än att räddningstjänsten får möjlighet att ge mig livräddning, smärtlindring och annan sådan onödig lyx.

Alternativ 2: Jag trivs ganska bra med livet, och har ingen större lust att dö just nu. Jag vill därför att räddnings-personalen snabbast möjligt får möjlighet att åtgärda såret i skallen och benpipan som sticker ut. Jag hävdar också min rätt att själv få bestämma om jag vill eller inte vill exploatera denna min sårbara stund i kvällspressen och sociala medier. Vidare ger jag dig mitt samtycke till att beslagta alla eventuella uppfiskade smartfånar och krossa dem mot närmaste sten eller dränka dem i närmaste sjö. Skulle olyckan ändå leda till min begravning meddelar jag härmed att alla som medelst sina smartfånar dokumenterade min hädanfärd inte är välkomna på min begravning, oavsett hur nära de stod mig i detta livet.

--- ✂ --

Namn: ____

❑ Jag väljer alternativ 1
❑ Jag väljer alternativ 2

Skicka till mig, alternativt lägg lappen i din plånbok och meddela dina anhöriga.

Marsvinsburen och PostNord, del 1

3 oktober

Paketspårning, och leverans av paket, är ett intressant fenomen i dessa e-handelstider. Förra veckan beställde jag ett stycke marsvinsbur från zooplus.se, uppenbarligen en fasad för dito.de.

Något dygn efter beställningen fick jag därför ett e-mail från Dr. Cornelius Patts firma i München (jo, mailet upplyste mig om att Dr. Patt sitter i ledningen för bolaget), med en länk till spårning av paketet. Då barnen flera gånger per dag undrar när buren kan tänkas anlända, återkommer jag frekvent till denna paketspårningsfunktion under dygnen som följer.

Dag 1, kl 21:23: Leveransorder mottagen av det tyska fraktbolaget.

Dag 2: Inget händer.

Dag 3: Inget händer.

Dag 4, kl 06:02: Paketet sägs vara "in transit" i Melle i nordvästra Tyskland.

Dag 4, kl 19:39: Nähe, Melle har försvunnit helt ur språrningshistoriken. I stället uppges paketet nu vara "in transit" i Nohra, 35 mil sydväst från Melle. (Inte riktigt den väg jag skulle ha kört, om jag skulle ha kört från Melle till

Sverige, men vem är jag att sätta mig till doms över logistikernas esoteriska kunskaper!)

Dag 5, kl 11:42: Jag får ett SMS från PostNord, där de hävdar att de försökt leverera paketet hem till mig i Linköping kl 11:35. Jag råkade faktiskt vara hemma kl 11:35 pga vård av sjukt barn, och jag kan gå ed på att ingen plingade på då. Hmmm.

I SMS:et finns också en länk till att spåra paketet hos PostNord. Den upplyser mig om att paketet lastats på bil i Enköping kl 10:01.

Den tyska budfirman hävdar dock att paketet befunnit sig i Örebro, inte Enköping, vid nämnda tidpunkter. Nåja, Örebro, Enköping, whatever, man kan ju inte så noga veta där i gnällbältet: Fråga kungen om hur det gick i Arboga...

Nåväl, låt oss anta att Enköping är rätt. Enligt Google Maps tar det 15 timmar och 12 minuter att köra från Nohra till Enköping. Jag blir imponerad: De har lyckats med att inte bara köra sträckan, utan också lasta om paketet på 14 timmar 42 minuter. Wow!

Men deras prestation är inget mot PostNords. PostNord påstår ju sig ha kört från Enköping fram till min dörr på 1 timme 34 minuter. Det ger en imponerande snitthastighet på 118 km/h på riksväg 55. Jag ber invånarna i Katrineholm och Flen om ursäkt för eventuellt blodvite som kan ha uppkommit när mina 10 kilo marsvinsbur for förbi!

SMS:et som informerade mig om det s.k. leveransförsöket angav också en plan B. Jag kan tydligen hämta paketet imorgon efter kl 16 på Coop 300 m härifrån. Det ger en snitthastighet på 0,0107 km/h för paketets (förhoppningsvis) sista dygn på sin färd från leverantören till mig.

Marsvinsburen och PostNord, del 2

8 oktober

I onsdags, i enlighet med direktiven i PostNords SMS, styrde jag och barnen kosan till närliggande Coop för att hämta paketet.

Innan jag begav mig dit kollade jag dock upp senaste informationen på spårningslänken. Paketet uppgavs då kl 11:16 samma förmiddag ha befunnit sig i Malmö! 4 timmars frakttid från Malmö till Linköping... Tja, kunde PostNord under tisdagen prestera 118 km/h på riksväg 55 från Enköping till Linköping, så kunde de väl prestera något motsvarande på E4:an under onsdagen.

På vägen till Coop förberedde jag för säkerhets skull barnen psykologiskt på att vi kanske skulle komma tomhänta hem. Vi kom inte tomhänta hem. Vi kom hem med en påse kanelbullar. Men ingen marsvinsbur.

Mörk i åsynen och med sammanbitna käkar ringde jag PostNords kundtjänst och hamnade på köplats nr 26. Efter en kvart i kön fick jag prata med en kvinna. Jag förklarade situationen i korthet och undrade vad som hänt med mitt paket. Kvinnan hummade lite och sade sedan att hon skulle prata med en kollega.

Pratet med kollegan drog ut på tiden, och under tiden tvingades jag lyssna på själlös telefonkömusik. Samma "låt" flera gånger om dessutom. Misstänker att PostNord stulit konceptet från fånglägret i Guantanamo.

En sisådär tio minuter senare avbröts den musikaliska tortyren, och kvinnan återkom efter sin konsultation. Hon harklade och hummade lite och sade att de inte riktigt kunde ange paketets exakta geografiska position, men att det nog borde dyka upp uppdateringar i spårningen senast nästa morgon, och att just nu kunde man inte mycket annat göra än att avvakta.

Mycket riktigt, nästa morgon (i torsdags, alltså) hade det kommit uppdateringar. 01:53 påstods paketet ha siktats i Torsvik, någonstans i Jönköpingstrakterna. Kl 07:06 hade det dessutom tillagts i uppmuntrande ton att "Försändelsen är på väg".

Men inget paket dök upp under torsdagen. Ej heller under fredagen. Och självklart inte under helgen heller. Jag börjar nu inse hur naiv jag var när jag trodde att "försändelsen är på väg" betydde att den var på väg till mig. "Försändelsen är på väg" är säkerligen sant. Frågan är bara *vart* den är på väg. Skulle inte förvåna mig om den i skrivande stund är på väg till Halmstad via Östersund, Karlskrona, Borås och Visby, i nämnd ordning.

Sur som ett citronmarinerat rönnbär tänkte jag kontakta PostNords kundtjänst via deras webbformulär, och beskriva hur absurt det hela ter sig när man följer den information PostNord ger via SMS och sin spårning, samt ställa några sakliga (möjligen också aningens syrliga) frågor kring det hela.

När jag klickade på "Skicka"-knappen på mitt alster hände dock inget. Aha, det kanske beror på att jag kör med Firefox som webbläsare, tänkte jag. Så jag provade med Internet Explorer. Inget hände där heller. Jag provade också med

Chrome. Inget hände där heller. Deras webbformulär fungerar helt enkelt inte. Så om PostNord händelsevis skulle hävda att de får relativt få kundklagomål så beror det förmodligen på att det helt enkelt inte går att skicka in några klagomål.

Just nu sitter jag därför och klurar på hur man ska kunna framföra klagomål om PostNord till PostNord utan att utnyttja PostNord för att framföra sitt klagomål. I väntan på att ha löst den paradoxen har jag gjort ett undantag från min regel "jag går inte med i några Facebook-grupper". Jag är därför numera medlem i gruppen "Skämtet PostNord", och jag har för avsikt att bidra till den gruppen. Eller så skriver jag en bok om det hela.

Marsvinsburen och PostNord, del 3

10 oktober

Ringde i fredags till kundtjänsten på f.d. Kungl. Postverket för att efterfråga mitt paket. Jag har ju trots allt betalat för paketets innehåll så jag tycker det är ett inte helt orimligt önskemål att få hem försändelsen. Kvinnan i luren hummade och kunde inte ge några konkreta besked. Hon lovade dock att lägga en "kollibevakning" på den, tog mitt telefonnummer och lovade att paketförsnillarfirman skulle kontakta mig så fort den nyss initierade kollibevakningen ger napp.

Det har dock varit tyst som i graven från PostMords sida, både i telefonen och i spårningsappen. Det enda som hänt är att jag i söndags tvingade personalen på Coop att inventera sitt paketförråd för att se om det händelsevis fanns ett kubikmeterstort paket där. Men då varken jag eller personalen på Coop har något anställningsförhållande med PostBort så kan detta knappast räknas som en åtgärd från LostNords sida.

Idag ringde jag kundtjänst igen. Av den s.k. kollibevakningen som påstods ha initierats i fredags fanns det inga spår av i deras IT-system. Kvinnan öppnade ett "ärende" nu, och jag fick försöka beskriva paketets utseende (lite svårt dock, av tämligen uppenbara skäl), vad den innehöll, dess värde o.dyl. Det där sistnämnda lät lite oroande kan man tycka, men det kanske är bra att de gör reservationer för framtida förluster i bokföringen... Besked utlovades till senast fredag.

Marsvinsburen och PostNord, del 4

13 oktober

Fredag den 13:e kan man, om man är vidskeplig, förvänta sig otur. Döm om min förvåning när smartfånen plingade till i morse, och upplyste mig via både SMS och PostNord-appen att paketet fanns att hämta i postterminalen på Södra Oskarsgatan i Linköping. (För säkerhets skull upplyste även kundtjänst mig om det via mail i ungefär samma ögonblick.)

Jag uppmanades att antingen välja att hämta den själv, eller att boka tid för utkörning. Då mitt förtroende för PostNords förmåga att leverera saker till min dörr ligger långt under Stefan Ingves negativa riksbanksränta kastade jag mig över appen för att skyndsamt meddela att jag tänker hämta paketet själv.

"Du kan inte välja leveransalternativ" upplyste appen mig med röd text när jag försökte välja. Vad i #@!##! är nu detta, undrade jag. Det förra paketet – det som ingick i samma beställning, och som PostNord lyckades leverera till postterminalen på Södra Oskarsgatan i Linköping för över en vecka sedan – där gick det ju alldeles utmärkt att välja "jag hämtar själv"-alternativet.

Jag rusade från mitt skrivbord på jobbet till en ljudisolerad telefonhytt för att ringa mitt fjärde samtal till PostNords kundtjänst. (Man är ju modern och får jobba i kontorslandskap, ni vet ett sådant där ställe som är vetenskapligt bevisad vara suboptimal ur effektivitetssynpunkt, och då ska man ju inte spä på ineffektiviteten ytterligare genom att prata högt i telefon.) Jag är inte säker på om damen i andra änden heller lyckades boka "jag hämtar själv"-alternativet, men jag blev i alla fall upplyst om att det bara var att åka till Sankt Oskarsgatan. Jag tolkade om "Sankt" till "Södra" i tysthet, och salig Magdalena Ribbing log säkert i sin himmel över att jag var så artig och inte korrigerade vederbörande.

På eftermiddagen infinner jag och dottern oss alltså på Södra Oskarsgatan 4, och anger 3320 (jag kan avinumret utantill vid det här laget) till damen i kassan.

Och se och beskåda, mirakel kan inträffa även på fredag den 13:e! Någon minut senare kommer hon med en vagn, på vilken det tronar en stor kartong. Dessutom var den hel! (Nej, jag har inte köpt någon lott idag. Min turkvot är nog förbrukad för åtminstone resten av årtiondet.)

Jag redogjorde i korthet att paketet var efterlängtat då den tydligen rest runt en smula under den senaste dryga veckan. Damen tittade på mig med medlidsam blick och sade: "Ja du, ibland är det en soppa." Jag frågade henne om hon händelsevis visste när paketet ankommit till postterminalen i Linköping. Hon tog loss A4-arket som satt med en liten tejpbit på paketet. "5/10" stod det på den.

"Så den har legat här sedan 5 oktober?" undrade jag. Hon nickade. Och så tillade hon: "Nästa gång du väntar ett stort paket kan du ju alltid ringa hit och kolla om det kommit."

ೞ

Buren har alltså anlänt. Till slut.

Historien är dock ännu inte slut. För nu när jag fått hem mitt paket tänker jag be PostNord förklara vad som har hänt. Jag ska avkräva svar på det fiktiva hemleveransförsöket. Jag ska avkräva svar om de där 118 km/h på riksväg 55 från Enköping till Linköping. Jag ska fråga om det var dåliga bromsar på den snabbkörande bilen som gjorde att den fortsatte hela vägen till Malmö. Jag ska fråga hur länge buren sedan bodde i Jönköping. Jag ska fråga varför det tog kundtjänst en hel vecka att hitta paketet i Linköping. Och jag tänker inte ge mig i första taget...

Marsvinsburen och PostNord, epilog

17 oktober

Jag hade, som jag beskrev häromdagen, tänkt att ställa några intrikata frågor till PostNord om deras paketutlämning och kundinformation. Så långt har jag dock inte hunnit.

Däremot passade jag på att ta tillfället i akt och ge dem en riktigt sur recension när jag fick en sådan där "du har nyss tagit emot ett paket. Vill du besvara några frågor om din kundupplevelse?"

Normalt får man ju ett tjog sådana där "hur var din upplevelse idag" per dag. Det räcker ju med att snyta sig i en näsduk från Lambi så får man vips en "hur var din snytupplevelse?"-fråga i Lambi-appen i smartfånen. Och eftersom jag brukar ha viktigare saker för mig än att betygsätta mina snytupplevelser, brukar jag irriterat klicka bort utvärderingspropåerna.

Men för PostNord gjorde jag alltså ett undantag: jag gav låga siffror och i fritextfältet twittrade jag ner några stödord som beskrev min upplevelse.

Döm om min förvåning när PostNord ringer upp mig idag! Killen i andra ändan hade uppenbarligen ägnat lite tid åt att kolla vad som hänt med paketet. Han var helt förbluffad inför varför någon lastat paketet på en bil i Enköping, och dessutom hävdat att de hade försökt leverera den. "De kan ju inte ens ha läst adressen på paketet" tyckte han. Att den blivit stående tyst en vecka i Linköping berodde tydligen på att de inte scannat in paketet när det ankommit dit, och därför fick jag aldrig någon avisering. Först när deras spårningsverksamhet hade fått personalen att gå ut och titta i lagret så hade de hittat paketet, scannat det och voilà, jag blev aviserad i fredags!

Han sade (helt oprovocerad från min sida) att "det var under all kritik" och "så här ska det ju inte gå till" osv. Bevekad av hans krälande i stoftet, och hans diplomatiskt formulerade antydningar om att det var mer än en klåpare som hade misskött sig hos dem, har jag härmed beslutat att lägga ner ärendet. Heder åt att de faktiskt tagit min kundrecension på allvar och på eget initiativ kontaktade mig!

Besvärjelse

Äckliga, äckliga människa som spottat ut ditt tuggummi på solvarm asfalt!

Må trälimmet i dina snickerier ha hållfastheten av ditt solvarma tuggummi!

Må smaken av festmat i din gom ha faddheten hos vältuggat tuggummi!

Må vittvättprogrammet förvandla dina ljusa kläder till tuggummilik grådaskighet!

Må fållen i dina kläder fastna i en törnbuske, och dina kläder därvid dras ut i en lååång tunn tråd, så det liknar den tråd som blev resultatet när min dotter drog upp sin fot efter att ha trampat på ditt idissleri.

Och må tråden ur dina kläder dras ut tills solen lyser på din tuggummibleka ändalykt, så att ljuset till slut når även det djupaste mörkret, på det att du må begripa att begagnat tuggummi icke hör hemma på marken!

Ett (o)filtrerat liv

Jag var på delfinshowen på Kolmårdens djurpark, och vi hade fått platser på en av de främsta bänkraderna. Framför oss satt en kille som på sin höjd var i de tidiga tonåren. Killen satt med gamnacke, djupt försjunken i ett spel på sin smartphone, eller smartfån som jag föredrar att kalla dem. Ljuset släcktes, multimediashowen drog igång, musiken spelade, delfinerna hoppade och skvätte, men ynglingen satt oberörd och glodde in i sin smartfån.

Tydligen tillhörde killen kategorin människor som lever sina liv *i* sina smartfånar. Amerikanska CBS rapporterade för några år sedan att antalet fotgängare som krockar med lyktstolpar och andra föremål har fyrdubblats de senaste sju åren. Det är nog ingen vild gissning att människor som lever sina liv *i* sina smartfånar står för en stor andel av denna ökning.

Men i showpubliken på Kolmården fanns det också representanter för en annan kategori människor: de som lever sina liv *genom* sina smartfånar. Det är folk som nästan reflexmässigt drar upp sin smartfån och knäpper ett par kort så fort de stiger in i ett nytt rum. (Om du inte lagt märke till den kategorin människor så har du inte varit observant nog. Speciellt i semestertider är de flitigt förekommande.) Dessa människor var lätta att se i delfinshowens mörker, för i publikhavet syntes deras lysande skärmar som norrsken på natthimlen. (Och i de fall där kamerans lilla LED-blixt hade fått storhetsvansinne och trodde sig vara strålkastare syntes de även som stjärnor på natthimlen.) De satt där med mjölksyra i sina armar och kramp i fingrarna och filmade showen.

I mitt stilla sinne undrade jag vad de skulle göra med den suddiga, skakiga, korniga inspelningen med burkigt ljud när de sedan kom hem. Poppar de popcorn och sätter familj, släkt och vänner i soffan, och spelar upp filmen på 50-tums-HD-TV:n? Eller sitter de uppe sömnlösa nätter med smartfånen i näven, och tårarna rinner när de andäktigt återupplever showen? Eller försöker de engagerat visa filmen på kafferasten på jobbet, förväntandes att arbets-kamraterna ska utbrista i hänförda "aaahh" och "wow"?

Om ni anar en raljerande underton i detta med att leva livet *genom* sin smartfån eller kamera, så anar ni rätt. Men jag tillåter mig det eftersom jag har själv tillhört den kategorin. Jag har fotograferat en hel del i mitt liv. Jag har tillbringat många timmar i det blekgula ljuset i ett fotolabb och sniffat ättiksyredoftande stoppbad. Många meter Kodachrome och Ektachrome har jag kört genom mina kamerahus, och höjden av magasin med diabilder kan nog mätas i meter pluralis. Jag har till och med fotat lite med mellanformat. (Till er yngre läsare som fattar noll av ovanstående: det är okej. Ni kan be er historielärare berätta om Niépce och bröderna Lumière, eller googla dem.) Så jag vet tjusningen i att leva livet *genom* kameran.

Men sakteliga insåg jag att kameran är ett filter som effektivt tar bort cirka 93% av upplevelsen. Jag var så inne i fotoögonblicket att inga lukter, namn, ljud eller känslor fastnade. Därför kan jag bläddra igenom mina gamla bilder och känna och minnas – nästan inget. Vilket, insåg jag, är lite trist.

Fotografiet eller filmsnutten kan nämligen aldrig återge mer än vad jag de facto *upplevt*. Och om jag i mina synapser lagrat en urvattnad 7%-ig upplevelse, då kommer fotografierna eller filmen aldrig att väcka till liv något mer än en 7%-ig upplevelse.

Nuförtiden låter jag därför kameran vila för det mesta, och i stället försöker jag lagra en 100%-ig upplevelse i mina gråa celler genom att ta in nuet med alla mina sinnen.

Det betyder inte att jag helt slutat ta bilder. Kameran åker ibland upp och fyrar av något enstaka foto eller filmsekvens, men mest som en slags snabb minnesanteckning. Jag bryr mig ganska lite om komposition och annat sådant som jag en gång i tiden läste om i fotoböcker och fototidningar.

Därför är bilden nedan en av mina favoritbilder.

Horisonten lutar en aning. De vita kraftledningsstolparna på andra sidan sjön är lite störande. Det är fnas på vattenytan. Fören på kajaken skulle kanske ha placerats lite mer till höger eller vänster eller upp eller ner eller inte alls för att uppfylla det gyllene snittets kriterier.

Men bilden är allt jag behöver för att väcka liv i minnet av en av de mest fantastiska upplevelser jag någonsin haft. Jag kan lyriskt berätta om denna paddeltur på Lake Kenai i Alaska: om den mäktiga tystnaden, om de snöklädda bergstopparna runt sjön, om den perfekta värmen, om örnarna som seglade i skogsbrynet...

Den bilden, och kanske ett halvdussin till (trots att detta är på digitalteknikens tid), är allt jag tog på den turen. Men jag tror inte att jag skulle ha mints det bättre om jag hade tagit hundra bilder och en timme video.

Lågtyck om lågtryck

Någon gång för länge sedan under min civilingenjörs-utbildning läste vi i någon kurs om instabila system. Om jag minns rätt lärde vi oss också att det är omöjligt att balansera en vass penna på sin spets; det kommer alltid att finnas en liten rörelse, om så på molekyl- eller kvantnivå, som kommer att få pennan att falla åt något håll. Den balanserande pennan är ett instabilt system, helt enkelt.

Jag tror att svenskens – eller kanske människans i allmänhet – förhållande till vädret är ett sådant där instabilt system som alltid kommer att tippa åt något håll. Aldrig är man helt nöjd.

Sitter man i solen är det lite för varmt, men kommer det en molntuss som skymmer solen tycker man genast att det är lite för kallt. Skulle man händelsevis hitta perfekt temperatur, ja då kommer det en vindpust och tar tag i tidningen eller badbollen. Och när man jagat ifatt tidningen eller badbollen önskar man att det ska sluta blåsa, men när det slutat blåsa kommer flugor och mygg, varpå man genast önskar att det trots allt ska blåsa så flygfäna försvinner.

Sådär håller man på. Är sommaren för varm och torr önskar man att det ska börja regna. När man sedan står där i regnet med blöt tröja och vattenprickiga glasögon, önskar man genast tillbaka solskenet, eller så önskar man att det kunde vara sol på dagen och regn på natten. När det så regnar på natten vaknar man mitt i natten av att regnet hamrar på fönsterblecken, och för sent rusar man ut för att rädda dynorna man glömde kvar på utemöblerna.

Sommaren är alltid för regnig eller för kall, eller möjligtvis för solig. Till skillnad från vintern som alltid är för regnig eller för kall, eller möjligtvis för snöig. Visst, vintern kan ha sina vackra dagar, men de avnjutes trots allt bäst från insidan av ett fönster.

Hösten är mestadels för regnig eller för blåsig eller för mörkmulen. De eventuella vackra höstdagarna brukar man alltid också hitta fel på: är det inte att man halkar på den första nattfrosten så kan man sucka över den gulnande grönskan som förbereder sig för vinteride, och/eller så drabbas man av fasa inför det annalkande novemberrusket.

Våren förstörs av smältande snöslask som skvätter upp på byxbenen när man cyklar hem från jobbet. Och på natten fryser snöslasket till, så att på morgonen när man cyklar till jobbet så är det som att cykla på en ojämn tvättbräda, varpå man önskar att solen ska smälta bort eländet – en önskan som man dock återkallar på hemvägen... Är våren sen så beklagar man sig över att den är sen, och är våren kort så beklagar man sig över att den är för kort. Och hittar man inget annat att anklaga våren för så kan man alltid sucka över pollensäsongen som nu börjar.

För att försöka bryta mig ur detta instabila system har jag därför ålagt mig själv ett beklagansförbud: Är temperaturen i intervallet 22-33 grader och om det är uppehåll och det inte blåser mer än tio sekundmeter försöker jag hålla tand för tunga, och i stället vara nöjd ty det kunde vara värre. Och när (inte om) det blir värre, då kan jag helhjärtat och utan samvetskval beklaga mig över vädret.

Batteritorsk

Det händer ibland att batteriet tar slut i någon av barnens radiostyrda leksaksbilar, och då reagerar inte bilen hur man än vrider på ratten eller försöker gasa framåt eller bakåt med spaken. Är man hemmavid så är det oftast ett lättåtgärdat problem: Man går helt enkelt in i förrådet, hämtar nya batterier, stoppar in dem i batteriluckan, och så kör man vidare.

Det kan vara lite knepigare på semestern. Den väldigt varma sommaren 2018 var vi ute med husvagnen på en camping, och barnen hade lekt med dittan och dattan, inklusive bilen.

Framåt kvällskvisten skulle jag så stänga fönstren i bilen. Den stora, riktiga bilen alltså. Jag stoppade in nyckeln i tändningen och vred på strömmen för att stänga de elmanövrerade fönstren. Inget hände. Fönstren gick inte upp. Inga lampor tändes i instrumentpanelen.

Jag tittade på vredet för parkeringsljuset. P-a-r-k-e-r-i-n-g-s-l-j-u-s-e-t. Parkeringsljuset var på, men inga parkeringsljus lyste upp skymningen. Något vred sig om i bröstet med samma frenesi som jag vred om nyckeln i tändlåset, och hjärtat blev lika kallt som kylarvätskan till den stendöda motorn.

Avkomman hade alltså lekt med bilen, klättrat in och ut ur fönstren, vridit och tryckt på alla knappar på bilstereon och luftkonditioneringen. Så långt var det dock okej. Men likt Adam och Eva i Edens lustgård kunde de inte hålla fingrarna i styr, utan de hade också vridit på Den Enda Knappen Som Inte Fick Vridas. Men till skillnad från Skaparen hade jag varken förbjudit Knappen eller varnat för för konsekvenserna, så jag hade väl bara mig själv att skylla.

Nåväl, bredvid den stendöda bilen står ju vår husvagn, och i husvagnen finns ett bilbatteri vid god vigör. Och trots mitt obefintliga intresse för bilars inre liv räknade jag snabbt ut att det borde ju vara en smal sak att koppla loss husvagnsbatteriet, ansluta den till bilen, starta bilen, och voilà, problem solved.

Ur bilen grävde jag fram instruktionsboken som talade om var hjälpbatteriet skulle anslutas med hjälp av startkablarna. Startkablarna ja, de ligger i en lucka i bagageutrymmets golv. Och för att komma åt luckan i bagageutrymmets golv behövde jag lasta ut allt bagage som låg i bagageutrymmet. Och för att lasta ut bagaget behövde jag öppna bagageluckan. Och för att öppna bagageluckan behövde man trycka på en knapp. Knappen gick till en strömbrytare. Men hur bryter man något som inte finns? Där står jag i skymningen och glor fånigt på bagageluckan, fångad i moment 22 av moderna bilars konstruktion där *allt* är beroende av elektricitet!

Hustrun skickades därför iväg för att leta reda på startkablar hos någon campinggranne, medan jag – fortfarande full av förhoppning på en snabb lösning av mitt predikament – kopplade loss husvagnsbatteriet.

Hustrun återkom med både kablar och en synnerligen vänlig dam som ägde kablarna, och som dessutom verkade ha lite mer insyn i bilars inre liv än undertecknad. Med gemensamma krafter försökte vi koppla in batteriet. Men bilen förblev stendöd.

Damen traskade iväg, och återkom snart med både son och en silvrig Mercedes, och vi försökte använda Mercan som hjärtstartare på min avsomnade Volvo. Dessvärre verkade Volvon inte vara särskilt mottaglig för Mercedestillverkad ström, och det enda livstecknet vi fick var att tjuvlarmet gick igång på min bil. Där och då lärde jag mig att fantastiskt nog har tjuvlarmet ett alldeles eget reservbatteri, medan resten av bilen inte har det. Undrar hur bilkonstruktörerna har tänkt där? Man krockar, elsystemet slås ut, bildörrarna går då inte att öppna ens inifrån, och man blir innebränd i vraket... Eller man hamnar i vattnet, elsystemet kortsluts, fönstren går då inte att öppna, och man sjunker till botten ackompanjerad av tjuvlarmet, likt Titanic medan orkestern spelar på...

Det är bara att kapitulera i skymningen, tacka damen med kablarna, sonen och Mercan, och ringa Bärgningskåren.

Nästa morgon, på avtalad tid, kommer därför den gulröda monsterbilen sicksackande in på campingen. Killen tar ut något som liknar en hjärtstartare modell större ur en lucka, kopplar in dem i min bil, väntar några minuter, och säger åt mig att starta bilen. Bilen startar, och nästan tårögd av tacksamhet betalar jag de 1291 kronor och 25 öre det kostade.

Missförstådda ord

Jag gillar ordvitsar. Att betona eller uttala befintliga ord på ett lite annorlunda sätt kan ge gamla ord lite nya betydelser. Så varsågoda, här följer en ordlista för ordvrängare.

ACETON	Tar artisten Wilder på scen
ARMBÅGE	Motorcykel för fattiga
BEROENDE	Gör skeppsbrutna i en liten båt
BURSPRÅK	Det larviga tjatter med vilket man tilltalar en undulat, gnagare eller annat litet husdjur bakom galler
BYTESHANDEL	Bredbandsleverantörens affärsidé
CENTRUM	Det valv i en amerikansk bank där mynten förvaras
EKOLOGI	Miljövänlig övernattning
ENSAMRÄTT	Mat för singlar
FANTASIFULL	Glad sinnesstämning efter intag av alkoholfria drycker
FANTOM	Adjektiv som beskriver himmelen
FARTYG	Ett material av vilket kostymer kan sys
FARVATTEN	Kastar män som har barn
FEMINISTER	Statsråd med ansvar för kvinnliga sagoväsen

FINESS	Vackert durackord
FÖRGÅS	Akka
GÅVAN	Är den som promenerar mycket
HALVERA	Listig äldre dam
HOVSLAGARE	En som misshandlar kungligheter
HÅLSLAGARE	Golfare
KAMAXEL	Arbetsskada hos frisörer
KAMEL	Statisk elektricitet som alstras vid skötsel av håret
KASTSPÖ	Indisk bestraffning
KOLIBRIER	Svarta partiklar i franska ostar
KRASSE	Att hjälplöst beskåda en dyrbar porslins- eller glasdekoration falla ner från ett bord mot ett stengolv
LEKAMEN	Hycklande avslutning på bön
LURVIGHET	Egenskap som krävs för att kunna gymnastisera och prata i telefon samtidigt
MADRASSERA	Indiskt motgift mot ormbett
MANDEL	Maskulin extremitet
MANÖVER	Herre utan varaktig relation till en kvinna i en bygd med kvinnounderskott. Kompletteras gärna med en FRITÖS.
MARKSERVICE	Tjänst som utförs vid avlägsnande av ogräs
MARSVIN	Dryck för astronauter med enkelbiljett till grannplaneten
MASURBJÖRK	Råmaterial till Moraklockor

MATROS	Den ätbara blomdekorationen på en tårta
MISSBEDÖMER	Gör juryn vid en skönhetstävling; jfr. MISSVISANDE.
MISSTAG	Det tillgrepp en ung man gör sig skyldig till när han gifter sig
MISSÖDE	Plats utan ogifta kvinnor
MODERSMÅL	Di
MUNSKÄNK	Oväntad kyss
NÖDRÄTT	Det man stoppar i mikron när man glömt handla
ONÖDIG	Så känner man sig efter fullgjort toalettbesök
OTYG	Det material hålen i strumporna är gjorda av
PADDEL	Det som laddar batteriet i en handhållen dator
PARERA	Tiden som gift eller sambo
PISTOL	Trasig stol med lite drygt tre ben
PRIS	Asiatiskt preventivmedel
PÄRMRYGG	På 1900-talet vanlig arbetsskada hos kontorsarbetare
RASISTER	Tror sig vara bättre än andra, men är i själva verket bara tarmfett från svin
REBELL	Han som återuppfann telefonen
RIMFROST	Det poeten drabbats av när hen inte får ur sig några dikter
SENIOR	Åsna som missar deadline
SINISTER	Det material ur vilket en politiker täljer valfläsk

SKOVEL   Beslutsvånda vid köp av fotbeklädnad

SKÄRMYTSLING Det man får på skärmen på paddan eller mobilen när man tappar den på asfalt

SOMMARÄNG   Beskrivande av ett tillstånd som liknar ugnsbakad vispad äggvita

SMÖRGÅS   Fågel med hull

TALSERIE   Riksdagsdebatt

TURISM   Livsåskådning där man tror sig bli lycklig på storvinsten i ett lotteri

URSINNE   Intuitiv känsla för klockor

USEL   110 volt

VALNÖT   Är den som röstade fel

VALSVERK   Musikstycke av Mozart

VANDRAR   Det en lotteriförrättare gör eftersom jag inte vinner. Se även TURISM.

VASELIN   Kvinnlig formgivare av vattenfyllda behållare för snittblommor

VISKAR   Större vattenbehållare avsedd för tvagning av klok gubbe/gumma

VISSEN   En specifik instans av ett barrträd tillhörande släktet *Juniperus*.

PS: Jag gör anspråk på att ha kommit på dessa själv. Det kan naturligtvis hända att andra också har kommit på dem själva oberoende av mig, men det är i så fall inte mitt fel. Om dessa andra dessutom har kommunicerat dem till omvärlden, reserverar jag mig för möjligheten att mitt undermedvetna spelar mig spratt genom att vilja få mig (och er, kära läsare) att tro att jag kommit på dem själv.

Legitimation, s'il vous plaît!

Jag läste nyligen den helt sanna berättelsen om hunden Chaya som fick ett paket med posten. Paketet var adresserat till Chaya Palmgren, och när matte Marie skulle hämta ut paketet hävdade personen bakom postombudsdisken att Chaya skulle legitimera sig och skriva under eftersom paketet var adresserat till henne.

Matte gick således hem, hämtade sin hund och hundens registreringsbevis utfärdad av Jordbruksverket. Tillbaka hos postombudet visades hunden och registreringsbeviset upp. Personalen skakade fram en gammaldags stämpeldyna, och Chaya fick dymedelst signera PostNords avi med ett vackert lila tassavtryck.

Det påminde mig om när jag efter att ha gått ut gymnasiet bodde ett år i Elfenbenskusten i Västafrika. Hemma i Sverige hade jag anskaffat körkortstillstånd, men ännu inget körkort. På 1980-talets slut, när detta begav sig, var körkortstillståndet en mycket enkel lapp som man, efter vederbörligen inlämnad och godkänd ansökan, löste ut mot postförskott.

Vid 18 års ålder skulle jag således ge mig ut i trafiken i Abidjan utan att i formell mening ha något körkort. Formalian löste jag genom häfta fast ett passfoto på mig själv på körkortstillståndet, och med detta enkla handgrepp blev papperslappen uppgraderad till ett körkort.

Det hände någon enstaka gång att jag blev stoppad av polisen, inte för att jag hade gjort något, utan stoppad i största allmänhet på afrikanskt vis. Något körkort behövde jag dock aldrig visa upp. Det räckte med att prata trevligt och ge polisen en färgglad tidning ur högen på baksätet, eller kanske ett litet paket tuschpennor till hans barn, och så kunde man köra vidare.

En gång behövde jag dock hala fram "körkortet". Jag skulle lösa ut en check på en bank, och i normala fall använde jag mitt svenska pass som legitimation vid dylika ärenden. Just denna gång var dock passet inlämnat på någon ambassad för att jag skulle få visum till landet i fråga. Och eftersom de konsulära kvarnarna inte alltid mal fort var jag passlös just vid detta bankbesök.

Banktjänstemannen bad om legitimation när jag skulle lösa ut checken, och jag räckte fram lappen med det påhäftade fotot. "Vad är det här?" frågade hon. "Det är ett svenskt körkort" sade jag och tittade på henne med mina oskyldiga blågrå ögon. Jag tänkte att det var inte särskilt sannolikt att en ivoriansk banktjänsteman skulle veta hur ett svenskt körkort såg ut, än mindre kunna läsa och förstå det svenska ordet "körkortstillstånd" på papperslappen.

Hon såg lite misstänksam ut, tittade på lappen, och frågade sedan: "Var är körkortsnumret?" Körkortsnumret, hmmm, tänkte jag. Det var en knepig fråga. Försiktigt lutade jag mig framåt så jag kunde se mitt "körkort" där det låg på hennes skrivbord, och försökte febrilt hitta något som liknade ett körkortsnummer.

Först såg jag en liten grön klisterlapp med en fyrsiffrig kod på. Det var postens ankomstnummer, och till och med en afrikansk tjänsteman skulle kunna bli misstänksam om körkortsnumret hade blott fyra siffror i sig, tänkte jag. Det femsiffriga postnumret i min svenska postadress dög nog inte heller av ungefär samma skäl. Men så såg jag det: det välsignade, underbara, härliga, allsmäktiga svenska personnumret. "Där är det" sade jag och pekade.

Någon minut senare klev jag ut ur banken, med mitt svenskt-afrikanska körkort och en bunt nyutcheckade sedlar i plånboken.

Biltokig

En söndag var jag på en liten bilburen ärenderunda på stan, och jag fick oefterfrågad möjlighet att irritera mig på alla ratthållande tomtar.

Som t.ex. snubben med en liten vit skåpbil med luckan där bak vidöppen, och som mitt i rondellen släpper ur sig två svarta sopsäckar och en sopskyffel några meter framför mig. Jag försöker påkalla förarens uppmärksamhet med både tuta och ljus, samt även vindrutetorkare, utan framgång.

Och så är det muppen som gör en vänstersväng utan blinkers. I korsningen därefter en annan mupp som förvisso blinkar vänster men som inte har vett nog att påbörja svängen, utan ligger kvar i filen och väntar på att mötande trafik ska passera – och en bakomvarande mupp som inte har vett nog att göra en liten elegant omkörning till höger trots att det finns gott om utrymme där.

Sedan är det den SUV-burna jeppen som får för sig att mitt i rondellen byta till min fil, trots att min V70 redan fyller den plats som hen ämnade åt sin SUV. Till hens heder ska sägas att hen kom på att idén hade sina brister, så det hela utmynnade i att hen enbart gjorde en intressant vinglig färd i Vallarondellen denna söndagsförmiddag.

Och så har vi tjommen som kör med helljusen på genom hela sta'n denna soliga söndag... Ooops, den tjommen är visst jag.

Hur fraktas en frakt?

"Vi har idag skickat följande produkter..." meddelar nätbokhandeln, och listar så upp produkterna i fråga. Två av produkterna är naturligtvis böcker. (Den ena är författad av min kusin, den andra av en gymnasiekompis, så fick jag det också sagt.)

Den tredje produkten heter "Frakt".

Nätbokhandeln meddelar vidare att "produkterna har skickats i ett A-brev klimat." Alltså: tre produkter är på väg till mig. Två stycken böcker, och en styck frakt.

Emotser nu med spänning hur produkten "Frakt" levereras medelst A-brev. Är det bubbelplast runt den? Ryms den i brevlådan, eller måste jag gå till postombudet och hämta ut frakten? Hur mycket kostar det att frakta en frakt? Och hur fraktar man en frakt? Frågorna hopar sig.

Kärleksfullt kidnappad

13 juni 1998

Innan hustru och barn dök upp i mitt liv hade jag flygcertifikat för enmotoriga flygplan. Nedanstående är en helt sann historia med mig bakom spakarna. Den publicerades ursprungligen i klubbtidningen för Linköpings Flygklubb.

SE-KEN lyfter från bana 11. Det är en tidig lördag morgon i juni. Mycket tidig. Saab-tornet och Östgöta Kontroll sover fortfarande; bara flygledningen i Stockholm är vaken. Jag styr mot Borås. I högersits sitter min vän E; det är för hans skull vi flyger, detta ska bli hans dag. I baksitsen sitter en svårt bakfull granne till E; mot ett bidrag motsvarande en Swebus-biljett fick han lift till Borås nu när vi ändå skulle dit. Den bakfulle somnar snabbt, medan E hjälper till med kartan.

Ungefär samtidigt stormar en maskerad trupp in i en lägenhet i Borås. Den yrvakna, men fagra, M får exakt fem minuter på sig att packa en väska. Nattlinnet får hon behålla på; kidnapparna kompletterar med flytväst, simfötter samt en cyklop som (med en snusnäsduk inuti) får vikariera som ögonbindel. M förs ut till en väntande bil, och kidnapparna talar inte om något annat än segling och hav. Allt är fokuserat på båtar och vatten.

SE-KEN landar på Borås/Viared. E pratar i mobiltelefonen. Några minuter senare kör bilen fram. M överlämnas till oss, fortfarande iförd nattlinne, cyklop, flytväst och simfötter. Den bakfulle får skjuts in till sta'n av kidnapparna.

Cyklopen/ögonbindeln tas av, och M kisar mot det vita, blänkande flygplanet i morgonsolen. Sedan tittar hon ner på sina simfötter, och sedan på E och på mig. Hon skrattar. Båtar? Vatten? Njae…

En kvart efter landning är SE-KEN i luften igen. Denna gång är högersitsen tom. E och M sitter i baksätet. De tar av sig headseten, så jag hör inte vad de säger. Hur de ska höra varandra i motorbullret vet jag inte. Men det kanske de inte behöver göra; ibland är ord överflödiga. De röda rosorna byter ägare, och händer söker varandra. Kanske läppar också, men det kan jag förstås inte vara helt säker på. Min uppgift är ju att flyga.

Det blåser en bra medvind, och redan inom en timme är vi tillbaka i Linköping. Vi landar, taxar in och kliver ut. I min flygdagbok noterar jag vad E kallade denna flygning: "minne för livet-flygningen". Denna sommarmorgon har två förälskade fått varandra.

Tillägg från 2018: E och M har i skrivande stund villa, vovve, Volvo samt tre välartade barn.

ADRA
SVERIGE

ADRA Sverige är en del av ADRA nätverket som finns i mer än 140 länder över hela världen.

ADRA är en opolitisk hjälporganisation som hjälper behövande i världens fattiga länder utan hänsyn till etnicitet, nationalitet, kön, sexuell läggning, religion eller politisk uppfattning.

ADRA Sverige arbetar långsiktigt med utvecklingsprojekt för att ge utsatta människor möjlighet att själva påverka sin livssituation. ADRA Sverige arbetar även med humanitärt bistånd till människor drabbade av naturkatastrofer eller krig.

Mer information om ADRA Sverige och hur du kan hjälpa till finns på vår hemsida, www.adra.se och Facebook: ADRA Sverige
Bidra till ADRAs verksamhet genom att donera till **Swish 123 900 72 12 eller PG 90 07 21 – 2**

TACK för ditt bidrag